다크사이드프로젝트

다 크 심 리 학 2

다 크 심 리 학

DARK PSYCHOLOGY 2

다크 사이드 프로젝트 지음

ascending

FOREWORD

전편 《다크 심리학》이 개인적인 심연(深淵)을 파헤쳤다면, 이제 시선을 넓혀야 한다. 이 세상에서 온전한 개인으로 존재하기란 어렵기 때문이다. 우리는 가족, 학교, 직장 등 조직 안에서 숨 쉬고 부딪히며 살아간다. 간혹 우정처럼 진실한 마음으로 맺어진 예외적 관계가 존재할지 모르나, 대부분의 만남은 명확한 목적 아래 설계된 '조직의 장치' 속에서 이루어진다. 그 속에서 각 개인이 충돌하며 빚어내는 보이지 않는 역동(力動), 우리는 그것을 '권력'이라 부른다.

《다크 심리학 2》는 배후에서 암약(暗躍)하는 권력의 흐름을 추적한다. 나를 이용하려는 자들에게 맞서기 위해 권력의 법칙을 숙지하는 것은 생존을 위한 필연이다. 힘의 차이가 압도적일 때 어설픈 대인관계 기술은 무용지물(無用之物)에 불과하다. '기울어진 운동장'에서 살아남으려면, 힘의 균형추가 어디로 쏠려 있는지 간파해야 한다. 전략은 오직 그 형세에 따라 결정된다.

이용당하지 않으려면 조직 내 권력의 맥락을 읽어라. 그 빈틈에서 힘을 기르고, 내 편을 포섭하여 판을 뒤집어라. 전편 《다크 심리학》이 펼쳐졌던 그 무대, 그 세계관의 실체가 바로 《다크 심리학 2》가 다루는 권력 그 자체다.

최명기(정신과 전문의, 청담하버드심리센터 연구소장)

DARK PSYCHOLOGY
WARNING NOTICE

이카로스(Icarus)의 날개,
잘못된 욕망으로 추락한 그를 기억하라.
자기를 과신한 욕심은 곧 파멸을 부르게 된다.
마찬가지로, 금기된 지식과 심리기술을 함부로
활용한 자는 스스로 큰 화를 부르기 마련이다.
'자기 날개'가 아니고선 하늘을 날지 말지어다!

전편 《다크 심리학》이 조종자의 수법을 해부하고
역으로 상대방을 조종하는 기술까지 알려줬다면,
후속편 《다크 심리학 2》는 더 깊은 동굴로 들어가
보이지 않는 힘과 권력 시스템, 인간의 욕망과
권력 의지를 통한 자기 가치의 재구성을 다룬다.

세상의 모든 것은 특정 의도대로 이미 설계되어 있다.
'강자'는 더 큰 권력을 추구하며 '약자'를 짓밟고,
'약자'는 '가면을 쓴 강자'를 떠받들기에 급급하다.
심지어 오늘날 권력은 알아차리기 힘들게 설계되었고,
날이 갈수록 더욱 교묘해져 많은 사람이 속고 있다.

당신은 이런 세상을 바꾸고 싶은가?
또한, 당신 자신도 바뀌고 싶은가?
그렇다면 《다크 심리학 2》가 해답이다!
이제 세상의 '숨겨진 진실'을 깨달아라!

세상은 착하다고 해서
지켜주지 않는다

현대 사회를 일컬어 약육강식(弱肉强食) 구조라고 한다. 또 '강자는 승리하고 약자는 패배한다'라는 논리를 반박하기에도 현실적으로 어렵다. 안타깝게도 이 세상은 '강자'와 '약자'의 구분이 너무나 명확하며, 법(法)에만 의존하기에 (세상 무언가에 기대하기에) 우리는 의도치 않게 피해자가 되거나 가해자가 돼버린다. 물론 법을 통해 사회 질서를 유지하고, 개인 간의 갈등을 해결할 수 있으며, 이를 위반하면 법적 처벌을 받는다. 그래서 우리는 어려서부터 '절대로 법을 어겨선 안 된다'라고 배웠고, 그 바탕엔 '법

앞의 평등'이란 믿음이 있었다.

그렇다면 당신이 보기에 과연 우리는 모두 평등한가? 만약 당신이 사회적 약자라면, 그 '평등'을 인정할 수 있는가? (설령 강자여도 같은 논리가 적용된다.) **평등'은 누구에게는 부여되지만, 누구에게는 요구되고, 또 누군가는 박탈당한다.** 쉬운 예를 들겠다. 만약 당신이 총을 들었고, 상대방도 총을 들었다면 서로 협상할 수 있다. 그러나 당신이 총을 들었는데 상대방이 칼을 들었다면, 그 순간부터 '진실'은 당신에게 있다. 심지어 당신이 총을 들었을 때 상대방이 빈손이라면, 당신 손에 쥔 건 단순한 무기가 아니라 상대방의 '목숨' 그 자체다.

현대 사회에서 '평등하다'라는 건 '같은 결과'가 아니라 '정당한 기회'로 이해되어야 한다. 즉 '기회의 평등'이 핵심이지 현실적으로 강자(권력자)가 흔들리는 일은 없다. 따라서 "법 앞에서 평등하다"란 말은 법 자체보다 이를 '누가, 어떻게' 해석하고, 적용하며, 집행하느냐에 따라 달라진다.

법이나 관습, 도덕은 '평등' 위에 있을 때만 힘을 갖

는다.

　문제는 평등이 아니라 '해석'에 따라 완전히 판단이 달라진다.

　사실 ('법'이란 포장을 벗겨낸) 현실은 더 끔찍하다. 돈이 입을 열면 진실은 침묵하는데, 그 돈도 권력 앞에선 고개를 숙인다. 모든 건 권력을 중심으로 돌아가고, 강자가 원하는 대로 약자를 조종하는 '권력의 게임판'이 가혹한 진실이다. 심지어 강자는 법이나 제도까지 자신의 권력 유지 수단으로 활용하며, 종종 그 규칙을 깨뜨린다. 즉 약자에게 규칙은 족쇄이지만, 강자에게 규칙은 '게임'을 잇는 연결고리에 불과할 뿐이다.

　전편 《다크 심리학》 출간 후 누군가 내게 이렇게 말했다.

　<u>"'다크 심리학'은 약자에게 조종자의 수법을 알려주지만, 강자를 '더 강하게' 만드는 모순(矛盾)이 있다."</u>

　이 말은 완벽히 틀린 말이다. 적어도 내가 아는 '진짜 강자'들은 본능적으로 강한 것이지 학습해서 강한 게 아

니다. 단순하게 생각해 보라. 권력자의 자녀부터 마피아 보스, 야쿠자 두목 같은 자들이 책(학습)을 읽고 강해졌겠는가? 과연 '강자의 본능'과 '약자의 학습' 중 어느 편이 '진짜 강자'일까? 한가지 사례를 들겠다.

이탈리아의 악명 높은 조직폭력배 레나토 발랑자스카 (Renato Vallanzasca)는 1950년 밀라노 외곽에서 태어났다. 그는 어릴 적부터 작은 범죄들을 저질렀는데, 여덟 살 때 서커스단의 호랑이를 풀어주려 한 행동으로 체포되어 아동 보호시설로 보내졌다. 어린 나이에도 그는 기존 권위 (가족·지역사회·법)의 제한을 벗어나 규칙을 깨는 쪽을 선택했다. 그 후 또래 아이들과 '어린 갱단'을 조직해 도둑질을 일삼았는데, 나중에는 밀라노 전역에서 가장 영향력 있는 반다 델라 코마시나(Banda della Comasina)란 조직이 되었다.

그런데 발랑자스카는 단순히 폭력만 쓴 게 아니었다. 다른 조직과의 암투, 경찰과의 대치된 상황에서도 자기 이미지를 관리하고, 부하들을 통솔하는 등 '권력의 균형'을 다루는 능력을 보였다. 그가 어린 시절부터 저지른 절도나 강도, 탈옥 등은 그저 충동 때문이 아닌 스스로 선택한 '위험한 결정'이었다. 즉 자신이 속한 환경의 '규칙'을 파악하고, 그 규칙의 '한계'를 이용했다. 그는 항상 '어기는 쪽'을 선택했고, 그 선택의 누적이 자신을 '강자'로 만든다(발랑자스카를 결코 미화하는 게 아닌 '강자의 본능'을 설명한 것이다. 참고로 그의 일대기를 다룬 영화로 〈악의 천사〉가 있다.). **'진짜 강자'들은 이미 환경의 압박에서도 살아남아 학습이 아닌 '체화된 본능'을 갖추고 있다.**

**무해(無害)한 건, 선(善)하고 착한 것이 아니다.
그저 포식자(강자)의 먹잇감(약자)이 될 뿐이다.**

전편을 비롯해 《다크 심리학 2》를 읽는 절대다수(저자들을 포함한 우리)는 '약자'다. 그리고 우리는 '강자'에 비해 정보와 자각(自覺)이 절대적으로 부족하다. 많은 사람들이 스스로 자기방어나 생존 전략이 부족하다고 느끼기 때문에 〈다크 심리학 시리즈〉를 선택한다. 사실 우리가 필요한 건, 세상을 향해 거침없이 휘두르는 장검보다 자신을 지키는 '호신용 단검'이다. 왜냐, 이미 지겹게 겪어 봤기 때문이다. '세상은 착하면 당한다'라는 사실을 말이다.

앞에서 다소 극단적으로 말했지만, 이 세상은 강자와 약자가 확실히 구분되기에 단호하게 말할 필요가 있었다. 만약 《다크 심리학 2》를 집어 든 당신이 스스로 '강자'라 생각한다면, 또 권력과 재능에서 우위에 서 있다면, 이 책을 당신의 '칼날(무기)' 다듬는 숫돌 정도로 여길 수 있다. 당신에게 학습은 부차적이며 이미 본능적으로 냉혹하고, 계산적일 것이다. 그러나 이미 전편 《다크 심리학》에서 경고한바 **'진정한' 강자는 약자에게 해를 가하기 위해 힘을 사용하지 않는다.** 만에 하나라도 진정한 힘과 '센 척'을 구분하지 못하고, '멋'이나 '허세'로 이 책을 펼쳤다면 당장 덮어주기를 바란다(미안하지만 읽을 자격이 없다).

강자는 학습이 아닌 '상황 자체'가 이들을 강하게 기른다.

'다크 심리학'은 약자에게 '최소한의 무기'를 쥐어 줄 뿐이다.

사실 책(학습)은 강자의 조종법을 해부하고 통찰의 언어를 제공하지만, 결정적인 순간에는 머리가 아닌 몸(본능)이 움직인다. 그렇기에 강자는 학습한 것이 아닌 이미 '몸이 아는 것'을 상황에 맞게 꺼내 쓴다. 가령 지금 시대는 물리적 전투보다는 '보이지 않는 싸움(협상)', '인간관계(온·오프라인)'에서 수많은 일이 벌어지듯 말이다. 그러나 약자도 '이런 수법이 있구나' 하고 깨닫는 순간, 강자에게 당하지 않을 '최소한의 자각'을 한다. 물론 그 자각만으로 강자가 되지는 못하지만, '영원한 먹잇감'에서 상황을 감지하고 피할 수 있는 존재로 '진화'할 수 있다.

따라서 **<u>《다크 심리학 2》는 강자를 더 강하게 만들기보다 약자를 덜 약하게 만드는 것에 초점 맞췄음을 밝힌다.</u>** 도입부부터 '약자'라 표현한 것에 기분 상했다면 부디 양해 바란다. 다만 '힘이 곧 법'인 세상에서 모두가 바라는 아름다운 결말은 생각처럼 일어나지 않는다. (그러니 인정하자. 스스로 약자라는 것을.) 현대 사회 속 강자가 지닌 권력은 알아차리기 힘들게 설계되었고, 점점 더 교묘해지고 있다. 게다가 지금도 강자는 '자원(資源)'을 두고 피비린내 나는 싸움을 벌이고 있다. 반면 약자는 그저 누군가 던져

주는 부스러기를 기다리며 서 있을 뿐이다.

《다크 심리학 2》는 심리학과 철학, 역사, 문화 등에 기반해 '인간 본성과 권력', 그리고 '권력 구조(시스템) 내 다크 트라이어드'의 심리 전략을 심도 있게 다룬다. 이 책에 담긴 권력자(강자)들의 숨겨진 패턴을 감지하는 '통찰'과 이를 '역이용'하는 기술을 통해 그들의 조작과 피해에서 벗어날 수 있다.

**현대 자본주의 사회에서 '좋은 것'과 '값진 것'은
강자와 싸우지 않고서는 결코 손에 넣을 수 없다.**

'강자의 세상'에서 시간 지체는 패배를 곧 의미한다. 그러니 서둘러라. 지금까지 본능적으로 '어둠의 조종술'을 활용하는 자에게 속수무책으로 당했다면, 이제는 사전에 감지하고, 경계를 정하여 현명하게 대응할 차례다. 당신이 아무것도 모른 채 있으면, 누군가는 당신의 무지(無知)를 자기 무기로 삼는다. 그러니 지금부터라도 단호하게 맞서야 한다.

세상은 착하다고 해서 지켜주지 않는다.
눈치채고 대비한 자만이 끝까지 살아남는다.
강자는 '본능'으로 움직이고,
약자는 '학습'으로 버틴다.
그러나 '깨달은 약자'는 더 이상 먹잇감이 아니다.

세상은 착하다고 해서 지켜주지 않는다.

CONTENTS

Chapter 3. 악의 구조와 범죄 심리

Chapter 4. 힘의 논리가 지배하는 세계

DARK CONTROLS

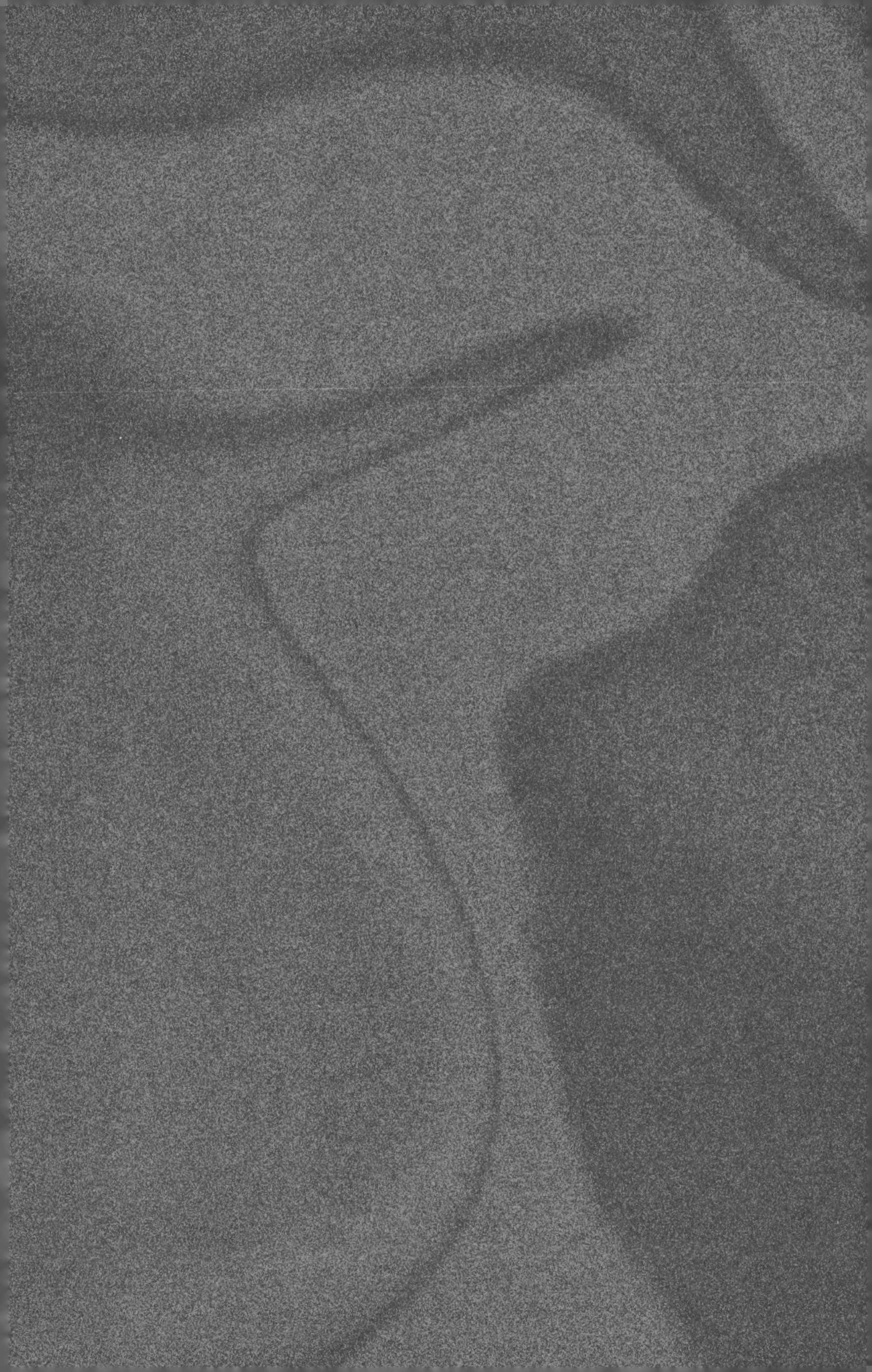

Chapter 1

권력이란 무엇인가

권력의 본질과 통제

권력에 대한 오해

당신은 '권력(權力)'이란 단어를 들으면 무엇이 떠오르는가? 국가의 대통령, 유망한 정치인이나 법조인, 대기업 회장처럼 '높은 지위'에 있는 지도자들, 또는 돈과 명예를 통해 경제·사회적으로 풍요롭고 영향력을 행사하는 기득권층이 떠오를 것이다. 그리고 왠지 모르게 '아부, 청탁, 뒷돈' 같은 부정적 단어를 연상하면서 나와 상관없는 '다른 세상' 이야기로 치부하며 지나칠 수도 있다. 어쩌면 당연하다. '그 나물에 그 밥'이란 속담처럼 이미 권력(정치)에 대한 불신이 만연하며, **무엇보다 권력을 논하기엔 지금 내 삶이 너무 각박하다. 일상 속 생존경쟁에서 살아남기 위해 노력하지만, 그 노력만으론 원하는 결과가 보장되지 않는다.**

게다가 지금 세상은 그야말로 혼돈(混沌) 그 자체다. 가령 하루 동안 쏟아진 뉴스를 정리하면, 아침엔 '고유가 쇼크' 같은 경제 위기 소식이 들리고, 오후엔 모 기업인과 연예인 사이 스캔들이 터지며, 밤에는 잔혹한 범죄를 저지른 피의자 신상 공개 소식을 접한다. 이처럼 하루가 멀다고 이어지는 사건들에 사람들은 '나도 언제든 희생자(피해자)가 될 수 있다'라는 불안감을 느끼게 된다.

물론 세상에는 사람과 사람이 만나 빚어내는 아름다운 이야기, 감동적인 순간들도 있다. 그런데 이상하게도 우리는 밝고 긍정적인 것보다 어둡고 부정적인 것에 관심이 있고, 더 크게 반응한다. 이미 인간의 뇌가 '위험'에 예민하게 반응하도록 설계되어 있기 때문이다. 그런 이유로 언론은 자극적인 사건을 앞다투어 다루고, 소셜미디어는 우리의 불안과 분노를 끝없이 확산시킨다.

여기서 예외가 있다는 말은 받지 않겠다. 왜냐하면, 한국 사회에서 《다크 심리학》이 인문 분야 1위는 물론 줄곧 상위권을 유지하고 있는 사실 자체가, 사람들이 무의식 깊은 곳에서 '인간 본성의 어두운 심리'를 이해하고 싶어 한다는 집단적 욕망의 증거이기 때문이다. 사실 이건 표면적인 이유이고, **진실을 말하면 사람들은 저마다의 위치에서 '권력'을 얻고 싶어 한다.** 물론 앞에서 언급한 것처럼 권력에 대한 '부정적 인식'과 '무관심'도 있다. 그러나 이것은 자신이 이루지 못했다는 '실망'과 '무기력'에서 비롯된 방어기제에 가까우며, 자기 내면의 감정(의도)을 억누르는 것이다. **권력은 정치, 경제, 사회 등 '지도자'의 손에만 있는 것이 아니다. 직장, 가정, 학교 등 모든 관계 속에서 권력은 모습을 드러낸다.** 즉 자신보다 더 '큰 힘'이 있는 사람, 더 많은 자원(資源)을 가진 사람, 더 깊은 지식을 지닌 사람이 영향력을 발휘하는 순간에 이미 '권력'은 작동하는 것이다.

'권력'은 특정 개인에게만 국한(局限)된 것이 아니라, 관계를 통해 사회 전체를 관통하는 '네트워크'이다.

그런데 왜 권력에 대한 부정적 이미지가 생겨났을까? 다양한 원인이 있는데, 먼저 역사적으로 시대(국가)마다 왕을 비롯한 지배계층이 만든 규범(질서)이 기존 권력자(강자)들의 이익만을 추구하거나, 피지배계층에 '억압'과 '통제'로 작동해 부정적 영향을 끼쳤다. 이러한 '구조'는 지금 시대까지 반복되고 있다. 또한 다크 트라이어드(Dark Triad)의 활동이 원인이다. 애초 **권력의 구조 자체가 이들에게 유리하도록 '설계'되었는데, 마키아벨리즘(Machiavellism), 사이코패스(Psychopath), 나르시시즘(Narcissism) 같은 '다크 트라이어드 성향'이 권력 획득과 유지에 필요한 전략(조작, 거짓, 자기애 등)에 능숙하기 때문이다.**

이들은 모두 권력을 탐하고 움켜쥐어 소수로서 위치를 차지한다. ('권력과 다크 트라이어드의 상관관계'는 매우 중요하기에 〈Chapter 2〉에서 깊게 다루었다.)

권력의 속성

'권력'은 사람을 타락시키기는 동시에 '타락한 자'들을

끌어들이는 자석이 되기도 한다. 여기서 말하는 '타락'은 종교적인 의미가 아닌 '관계의 단절'을 뜻하는데, 쉽게 말해 선(善)과 떨어져 악(惡)의 본성으로 살아가는 이가 '타락한 사람'이다. 이러한 개념에 비추었을 때 과연 어떤 이가 태생적으로 악한 마음을 품고, 또 어떤 이는 권좌에 앉는 순간에 그 권력을 마음대로 휘두르는 건지 의문이 들 수 있다. 가령 '아돌프 히틀러(Adolf Hitler) 같은 폭군은 타고나는 걸까?' 또 '어떤 강자는 왜 자신의 권력으로 상대방이 무너질 때까지 괴롭히는 걸까?' 같은 식의 의문은 꽤 중요하다. 왜냐, 이와 동일한 이유의 사건들을 우리의 현실 일상에서 겪을 수 있는데 도무지 그 원인을 모를 수 있어서다. 예를 들어 회삿돈을 횡령하는 기업가나 시민을 과잉 진압하는 경찰은 '제도의 허점'만으론 쉽게 설명되지 않는다.

**'다크 심리학'이 대중화된 것과 '권력 구조'는
서로 밀접한 상관성을 가진 '불가분적 관계'이다.**

모든 사람은 '강자'가 되고 싶지, 절대 '약자'가 되고 싶어 하지 않는다. (적어도 나를 지킬 수 있는 힘이 필요하다!) 이는 우리의 생존과도 직결되는 문제로, 누구나 지속적인 안정을 원한다. 즉 '강자'가 되어 권력을 추구하는 것은 인간의 자연스러운 욕구이다.

미국 하버드대학교의 심리학자 데이비드 맥클리랜드(David McClelland)는 '욕구 이론(Need Theory)'을 발표해 인간의 동기를 유발하는 욕구를 세 가지로 나누었는데, 바로 '성취욕구', '권력욕구', '친화욕구'이다. 이 세 가지 욕구 중 권력욕구에 대해 그는 **"권력욕구는 기존 지배계층뿐만 아니라 일반인들에게서도 흔히 찾을 수 있는 욕구이며, 이런 권력욕구가 강한 사람들은 경쟁적이고, 신분 지향적 성향이 높다"**라고 밝혔다.

권력은 언제나 나를 포함한 전체 사회의 중심에 있으며, 그 속에서 인간의 욕망을 자극하고 통제해 질서를 만들어낸다. 중요한 것은 권력이 '언제, 어떻게' 악이 되느냐로, 그 권력을 사용하는 이의 특정 의도에 따라 권력의 성격이 달라진다. 즉 **권력이 부여하는 '지위'와 '권한'은 언제나 유혹을 동반하고, 그 유혹은 많은 이들을 시험대에 세운다.** 권력에 대한 정의나 개념(권력론)은 조금씩 차이가 있다.

어떤 이는 '권력자의 의도'에 따른 영향력으로, 어떤 이는 '자원을 통제'할 수 있는 능력으로 해석한다. 그러나 권력의 본질은 변하지 않는다.

권력의 본질은 '통제'와 '영향력'에 있다.

이 오래된 문제의 실마리를 풀고자 정신과병원의 사례를 통해 권력의 구조를 설명하겠다.

1973년, 미국 스탠퍼드대학교의 심리학자 데이비드 로젠한(David Rosenhan)은 '정신 이상 진단'의 정확성을 평가하기 위해 실험을 하였다. 자신을 포함해 정신질환 병력이 없는 여덟 명의 정상인을 미국 각지의 정신과병원으로 보내 의사들이 '가짜 환자'들을 가려낼 수 있는지 테스트한 것이다. 그 결과는 충격적이었다. 여덟 명 모두 정신질환자로(7명은 '조현병', 1명은 '조울증') 오진해 정신병동에 입원시킨 것이다. 게다가 '가짜 환자'들은 입원 후 정상적으로 행동했음에도 의사들은 모든 것을 '질병의 증거'로 보았다. 가령 '메모'를 하면 강박적 글쓰기 장애로, '예의'를 차리면 환심을 사려는 병적 욕구로, 심지어 화장실 물을 내리는 것조차 의례적 행동으로 해석하였다.

그런데 병동에 원래 입원해 있던 '진짜 환자'들은 그들의 연기를 간파했다.

"당신은 미친 게 아니에요. 여기 검사하러 온 기자나 교수죠?"

그러나 정작 의사들을 포함한 정신과병원 측은 자신들의 잘못된 판단을 끝내 거두지 않았다. 당시 미국의 정신과병원은 진단 체계가 불안정했고, 치료 공간이라기보다 '격리 수용소'처럼 여겨졌다. 문제는 한번 '비정상'이라 붙여진 '라벨(Label, 꼬리표)'은 현실의 모든 것을 완전히 뒤바꾼다는 것이다. **'정상'과 '비정상'의 경계는 뚜렷하지 않았지만, 한 번 진단이 내려지면 사람의 인생 전체가 '라벨'에 묶였다.**

'조사와 분석, 치료'라는 명목으로 결정된 '라벨'로 인해 누군가의 세계가 재구성되는 모습이 정신과병원이라는 '작은 사회'에서 펼쳐진 것이다. 로젠한은 법정에서 정신 감정 결과가 판결에 결정적 영향을 미치고, 병동에선 진단 결과가 '권력'이 되는 걸 수없이 많이 보았다. 그 권력 아래 환자들이 비윤리적인 행태와 부당한 대우를 받는 것을 지켜보며 '과연 정신의학적 진단은 객관적 사실인가? 잘못된 해석인가?' 의문을 품고 실험한 것이다.

로젠한이 실험 결과를 세상에 발표했을 때 그 후폭풍은 엄청났다. 이를 '로젠한 효과(Rosenhan Effect)'라고 부른다. 즉 정신의학적 '라벨'의 힘이 너무 강력해서 의사와 환자 양쪽의 현실 인식을 지속적으로 왜곡하는 현상이다. 당시 '로젠한 효과'의 여파로 '격리 수용소(병동)'의 폐쇄와 환자 권리의 성장이 이루어졌으며, 오늘날까지 이어지는 정신질환 진단 및 통계 매뉴얼(DSM)의 개혁을 촉발했다.

그러나 또 다른 끔찍한 질문을 남겼다. **전문가조차 '정상'과 '비정상'을 구분하지 못한다면, 그것은 정신의학 자체에 대해 무엇을 말해주는가? 그리고 실재하지 않았던 '라벨' 때문에 얼마나 많은 인생이 파괴되었을까?**

**무서운 것은 질병이나 환자가 아니다.
가장 무서운 것은 바로 '시스템' 자체다.**

로젠한 실험은 우리에게 불편한 진실을 남겼다. '진짜'와 '가짜'의 구분이 무너져도 대부분 사람은 시스템이 정해준 대로 세상을 살아간다는 것이다. 한 번 찍힌 '낙인(烙印)'은 당사자의 삶 전체를 집어삼키는 족쇄가 돼버린다. 이 지점에서 발생하는 문제는 개인의 무능(武能)이나 악의(惡意)를 넘어선다. 따라서 우리는 스스로에게 다음과 같은 질문을 던져봐야 한다.

'무엇'이 권력을 만들어내는 걸까?
그 권력은 과연 '누구'를 위해 사용되는 걸까?'

권력의 설계와 작동 원리

인간의 권력 본능

2025년 넷플릭스에서 방영된 〈흑백요리사〉를 통해 일반 대중도 '파인 다이닝(Fine Dining)'에 대한 관심이 높아졌다. '고급 식당'의 의미가 담긴 파인 다이닝은 단순히 가격만 비싼 것이 아니다. 귀한 식재료를 사용한 독창적인 요리, 맛과 플레이팅(Plaiting), 식당 분위기와 서비스까지 모든 것이 조화를 이룬 품격 있는 식사이다. 파인 다이닝 코스는 셰프가 정교하게 설계한 것으로, 제대로 된 코스 요리는 하나의 스토리를 가진 작품으로 평가받는다. (쉽게 말해 일반 맛집이 '대중 예술'이라면, 파인 다이닝은 '순수 예술'에 비유할 수 있다.) 그런데 파인 다이닝은 철저히 '고급화'에 치중하기 때문에 경제적 여유가 충분한 고객이 찾을 수밖에 없고 자연스럽게 '계급'이 형성된다.

이러한 계급 구조는 〈흑백요리사〉에서도 나타나는데, 계급과 권력을 상징하는 '흑과 백'으로 셰프들을 나누어 요리 대결을 펼친다. 사실 '흑과 백'의 이분법적 구도는 딱히 참가자들의 실력 차이에서 나온 것이 아니다. 프로그램 제작진이 임의로 설정한 장치에 불과한데 '백수저'가 압도적 실력을 갖춘 셰프의 권위를 의미한다면, '흑수저'는 권위(백수저)에 도전하는 언더독(Underdog), 말 그대로 '반란자'들이다.

그런데 여기서 시청자들은 두 가지 반응을 보인다.

첫째, '흑과 백'의 대립적인 프레임(Frame)을 즉시 받아들인다.

둘째, 그 프레임에 '기대, 응원, 분노' 등의 감정을 배치한다.

인간은 스스로 '사실(Fact)'을 본다고 여기지만, 그

건 착각이다.

'계급이 설정된 구조'와 그 안에 담긴 '스토리텔링 (Storytelling)'을 볼 뿐이다.

흥미롭게도 이러한 구조에서 계급은 능력을 증명하지 않고, 그 능력에 대한 기대감을 먼저 만들어버린다. 한국 사회에서는 유독 계급에 대한 집착이 심하다. 자산, 학벌, 직업 등으로 계층을 나누고, 소위 '가진 사람'과 그렇지 못한 사람들 사이에서 '계급이 이미 정해져 있다'라는 인식이 퍼지면서 갈등이 발생한다. 이런 점에서 〈흑백요리사〉의 '계급 설정'은 한국 사회 시스템의 심리적 통증을 정확히 자극했다. 계층의 고착화와 부의 대물림, 기득권을 가진 세력을 향한 불만 등이 쌓인 현실에서 〈흑백요리사〉는 대성공을 거둘 수 있었다.

현대 사회에서 '눈에 보이는' 신분제는 사라졌지만, 불안정한 현실에서 '눈에 보이지 않는' 서열화와 구분 짓기, 계급 의식은 여전히 남아있다. 대부분의 사람은 구조적으로 '아래에 있는 자(신진 세력)'가 '위에 있는 자(기득권)'를 이기는 장면에서 쾌감을 느낀다. 이것은 도덕적 정의감(正義感)이이 아니라 위계 구조 파괴에서 오는 도파민(Dopamine) 반응이다.

'계급'을 설정하면 갈등이 생긴다.
갈등이 생기면 '몰입'이 발생한다.
몰입은 자연스럽게 '소비'로 이어진다.

그렇다면 우리는 왜 〈흑백요리사〉의 '계급 구조'를 쉽게 받아들일까? 그리고 왜 흑백 구조 설정에 감정적 과몰입을 하는 걸까? 단순히 셰프들의 요리 대결과 그들의 사연, 성장 이야기에 빠져서만은 아니다. **우리 안에 이미 '위아래'를 나누는 본능(내면화된 욕구)이 자리 잡고 있기 때문이다.** 정신분석적 관점에서 '감정적 과몰입(Emotional Over-Identification)'은 대리 충족(감정 보충), 보상 루프(도파민 강화), 그리고 소속감 욕구(나만의 세계)가 강할수록 발생한다고 한다.

여기서 주목할 것은 '소속감 욕구'다. 인간은 집단(계층)에 소속되었을 때 자아 정체성과 정서적 안정을 느끼며, 반대로 '어디에도 속하지 못한' 상황에서는 정체성 혼란과 자존감 저하를 겪게 된다.

**인간은 본능적으로 자신의 '소속 집단'을 찾는다.
그 집단의 '계급 구조'는 새로 만든 것이 아니다.
인간 내면에 깊게 자리 잡은 '기준'을 건드린 장치
이다.**

쉽게 풀어 말하면, 우리는 〈흑백요리사〉가 설정한 '계급 구조'에 (자신도 모르게) 스스로를 재배치한 것이다. 즉 **'권력'은 외부의 명령이 아니라, 이미 자기 내면에서 작동한다.** 미국 컬럼비아대학교 심리학과 마이클 모리스(Michael Morris) 교수에 따르면, "소속 집단의 구성원이 되고 싶은 인간 본능(집단 본능)이 인류를 발전시켰다"라고 한다. 즉 집단에 소속돼 과거의 경험을 통해 다음 혁신을 추구하는 과정에서 인류의 발전을 이루었다는 말이다. 물론 사이비 종교나 포퓰리즘(Populism)처럼 부정적인 결과로 나타나기도 한다.

그런데 중요한 사실은, **집단은 '차이'를 바탕으로 계층을 형성하는데 이것이 곧 '권력 구조'로 이어진다는 것이다.**

게다가 과거와 달리 현대 사회에서의 권력은 '눈에 보이지 않는 형태'로도 존재하며 스스로 '권력 구조'를 설계하고 지배한다.

보이지 않는 힘, 권력

이쯤 되면 도대체 '눈에 보이지 않는 힘이 무엇인가?' 그리고 우리가 살아가는 사회에서 '권력을 어떻게 바라봐야 할까' 궁금할 것이다. 권력(Power/Authority)의 사전적 정의는 '타인을 복종시키거나 지배할 수 있는 공인된 힘(권리)'으로, 특히 국가(정부)가 국민에 대해 갖고 있는 '강제력'을 뜻한다. 그런데 흔히 사람들은 권력을 대통령, 재벌, 경찰처럼 '눈에 보이는 힘'으로만 이해한다. 즉 엘리트(Elite)층이 위에 있고, 그들의 지시에 따르는 구조를 권력이라고 여기는 것이다.

프랑스의 철학자 미셸 푸코(Michel Foucault)는 다음과 같이 말했다.

"우리는 흔히 '권력'이 정부나 경찰, 군대에 있다고 생각

하지만, 실제로는 학교, 병원, 감옥 같은 '겉보기엔 중립적인 제도'들을 통해 은밀하게 작동한다."

푸코가 말한 권력은 특정 개인이나 집단이 소유한 것이 아니라, 관계와 구조 속에서 '작동하는 관계망'으로, 눈에 보이는 힘이 아닌 중력(重力)처럼 '현실적인 힘'이다. 우리는 중력을 직접 보지 못하지만, 그 효과는 어디에나 존재한다. 마찬가지로 권력 역시 제도와 담론(談論), 관습과 시선이 서로 맞물려 발현된다. 가령 권력은 회의실의 침묵과 농담, 공개석상에서 주어지는 미묘한 반응들 속에서 더 강하게 작동한다.

**'진짜 권력'은 우리에게 명령하지 않는다.
우리 스스로가 통제하는 구조와 '시스템'을 만든다.**

우리는 권력이 만든 구조를 벗어날 수가 없으며, 스스로 선택한다는 행위조차 이미 '특정 방향'으로 이끌려 있다. 예를 들어 파티에서 음악을 선택한다고 가정해 보자. 당신은 자유롭게 노래를 선택할 수 있다. 그러나 무엇이 '쿨(Cool)한 노래'인가에 대한 기준은 이미 '사회적 맥락' 속에서 형성되어 있다. 즉 **선택은 당신의 몫이지만, 그 선택의 범위와 방향은 당신이 만든 것이 아니다. 권력은 바로 그 지점에서 작동한다.** 당신에게 '선택'의 자유가 있기 때문에 '권력'이 작동하며, 자유가 사라지면 '권력 시스템'도 작동하지 않는다.

또 한 가지 중요한 사실은 **'구조가 개인을 만들고 재구성한다'**라는 것이다. 정치 제도와 기업 관행, 언론의 프레임은 '특정 행동'을 보상(Reward)하고, 다른 행동은 처벌한다. 이를 '보상적 권력(Reward Power)'이라고 하는데, 상대방에게 물질적 또는 정신적 보상이나 기회를 제공함으로써 그 상대방을 조종한다('보상적 권력'의 지나친 보상 의존은 권력 부패로 이어질 수 있다.). 그리고 **다크 트라이어드는 그 '보상 체계'에서 자신의 능력을 발휘해 권력 구조의 빈틈을 파고 들어간다.**

다크 트라이어드 성향은 '타고난 악'일 뿐 아니라, 권력의 구조에선 성공을 담보하도록 '설계된 반응'이다.

권력 구조는 특정 심리를 선호하고 증폭시킨다. 가령 절차가 복잡하면 마키아벨리안의 '책략(계략)'이 빛나고, 불안이 짙으면 나르시시스트의 '장악력(통제)'이 두드러지며, 위기가 반복되면 사이코패스의 냉정함이 '결단력'으로 포장된다. 이렇듯 **권력은 다크 트라이어드 성향자들을 배제하는 것이 아니라, 오히려 그들을 길러낸다.** 따라서 우리는 내가 속한 권력 구조에서 어떤 현상이 벌어졌을 때 '제도(조직, 규범)'와 '개인(주체)'이라는 두 가지 관점에서 바라보고 이해해야 한다. 조직에서 누가 칭찬받고 용서되는지, 어떤 농담에 웃음이 터지고 침묵이 흐르는지를 관찰하면, 그 조직의 '권력 체계'를 파악할 수 있다. 그 체계를 바꾸지 않으면 개인의 호소(도덕적)는 보상받을 수 없다.

**권력은 '눈에 보이지 않는 곳'에서 시작되기에
이미 권력이 '작동하고 있다'라는 사실조차 모른다.**

푸코의 관점에서 '권력'은 누군가가 소유하는 것이 아니라, 사람과 사람 사이에서 움직이고 재편되는 '힘의 흐름'이다. 그 흐름 속에서 권력은 계속 살아있다. 쉬운 예로,

우리는 공공장소에서 조심스러워하는데 비단 CCTV가 있어서가 아니다. 설령 CCTV가 고장 났어도 함부로 행동하지 못한다(범죄자라면 더 긴장하거나 무감각하거나 둘 중 하나일 것이다.). 나를 '누군가가 보고 있을지 모른다'라는 가능성이 무의식적으로 통제하는 것이다.

결국 가장 '강력한 통제'는 외부의 억압이 아닌 타인에 맞춰 행동하는 '자기 순응(Self-Conformity)'이다. 타인의 눈을 상상하며, 그 눈으로 자신을 재단한다. 그러므로 지금 가장 먼저 필요한 건, 우리가 권력(타인, 조직, 세상)을 어떻게 인식하고 이해하는지 살펴보고, 스스로 '내면화된 기준'에서 벗어나는 것이다.

**진짜 무서운 건,
나를 통제하는 권력 시스템이 아니다.
'조종당하는' 사실조차 모르는 나의 자아(自我)다.
어쩌면 그 자아를 만든 것도 나 자신이 아니라,
권력 시스템일지 모른다.**

권력과 성공의 관계성

성공자의 본능과 심리

현대 자본주의 체제에 살고 있는 우리는 성공을 향해 달려간다. 특히 한국 사회는 남을 이기려는 욕구가 강해서 어린 시절에는 남들보다 공부를 잘하려 하고, 성인이 되어선 부(富)와 명예, 권력을 얻고 싶어 한다. 하지만 성공한 삶을 사는 이는 극소수다. 이들은 어떻게 성공과 실패로 나뉘었을까? 여러 가지 이유가 있겠지만, **'다크 심리학'의 관점에서 한 가지만 꼽으면 바로 자신의 본능(욕구)을 따랐기 때문이다.** (또는 본능을 거슬렀기 때문으로, 논리는 같다.) 가령 성공을 좇는 여러 사람이 한 공간에 지내는 상황이다. 어떤 이는 원리·원칙을 바탕으로 성실히 일하고, 반면에 다른 이는 여러 사람 사이에서 거짓말과 조작으로 피해자를 만든다. 심지어 자기를 방해하면 무참히 짓밟는다.

그렇다면 과연 누가 성공했을까? 돈과 명예, 권력을 손에 쥔 사람은 전자일까, 후자일까? 바로 '후자'다. 자신의 성공을 위해 남들의 감정과 존엄, 권리 등을 무자비하게 억누른 사람이다(이하 '무자비한 자'로 통칭).

'이 세상은 왜 무자비한 자들이 유리하도록 설계됐을까?'

심리학적 관점에서 권력과 성공의 관계를 설명하는 '접근 억제(Approach Inhibition) 이론'이 있다. 이론의 핵심은 **"'높은 권력감'은 '보상(자유)'과 관련되어 있어 접근 성향을 높이고, '낮은 권력감'은 '위협(처벌)이나 사회적 제약'과 관련돼 억제 성향을 높인다"**라는 것이다. 다시 풀어 설명하면, 권력은 개인의 통제감을 높여 '보상(자유) 성향'을 강화하는데, 만약 '성공욕'과 결합하면 '도덕적 판단'을 약화시켜 이기적인 행동을 증가시킨다. 따라서 '무자비한 자'들은 자기만의 신념을 바탕으로 모든 상황(사람)을 자신에게 유리하게 생각하고 실행한다. 이들에게 '도덕성'이란 무용지물(無用之物)이다.

'권력'은 선함의 보상이 아니라, 스스로 '차지하는 자'의 것이다.

우리는 지금까지 '성공은 노력과 재능, 그리고 도덕성의 보상'이라고 배워왔다. 그러나 현실 속 이야기는 다르다. 우리가 겪는 현실은 훨씬 더 어둡고, 부도덕이 난무한다. 권력은 선한 사람들, '마땅히 받을 만한 이'에게 보상하지 않는다. 오직 스스로 '움켜쥔 자'를 보상할 뿐이다. 이러한 원리를 이해하고, 주저 없이 이용하는 자가 현실에서 성공하고, 권력을 잡게 된다. '무자비한 자'와 '사악한 자'들이 권력의 정점에 서는 것도 같은 맥락이다.

역사 속 권력자를 떠올려보라. 로마의 절대 권력자 카이사르, 로마 제국 포학제(暴虐帝) 콤모두스, 프랑스를 정복한 나폴레옹, 동시대 최악의 독재자 히틀러와 스탈린 등, 권력자들의 '패턴(Pattern)'은 반복된다. 이건 우연이 아니며, '권력 시스템'의 오류도 아니다. 아니 이 자체가 곧 시스템이다. 역사적으로 강력한 통치자는 도덕성이 높은 사람이 아니었다. 그들은 약속을 쉽게 어기고, 필요할 땐 동맹을 버렸다. 권력은 주어지는 것이 아니라 '빼앗는 것'이다. 이렇듯 지나온 역사가 우리에게 말한다.

세상에 '선한 권력자'는 없다.
가장 '무자비한 자'들이 힘을 얻는다.

이는 현대 사회에서도 마찬가지다. 역사 속 권력은 형태를 바꾸어 지금 시대까지 끊임없이 이어졌다. '자본 권력, 정보 권력, 알고리즘 권력' 등의 영향력은 과거의 권력자보다 더 강력하고 교묘하다. 가령 성공한 기업의 사업 번창 이유는 공정함보다 '효율성', 윤리를 가장한 '확장성', 과정을 덮은 '결과'를 앞세웠기 때문이다. 기업은 직원들에게 충성을 요구하다가도 수익성이 떨어지면 가차 없이 잘라낸다. 사회적으로는 '공정하라, 규칙을 지켜라' 강조하지만, 사실 규칙을 만든 건 '그 규칙으로 이익을 보는 자'들이다. 이를 모르는 대중은 정의(正義)를 믿고 법을 지키지만, 권력자는 법을 조종해 자신을 보호한다.

이렇듯 **공정함은 환상이자 힘 있는 자들이 약자를 길들이는 도구일 뿐이다.** 물론 권력이 선한 목적으로 사용된 경우도 있다. 가령 아우구스투스 황제는 로마 제국의 안정과 번영의 기틀을 세웠고, 세종대왕은 백성을 위해 '훈민정음(訓民正音, 한글의 옛 이름)'을 창제했다. '선한 권력'은 인간의 문명을 진보시켰고, 그 흔적은 오늘날까지 이어진다. 하지만 이러한 사례는 예외에 가까울 뿐, 대부분의 권력은 인간의 욕망과 결합해 본래 목적을 잃고 만다.

**권력은 인간의 '욕망'을 증폭시키는 장치이며,
그 욕망은 절대로 순수하지 않다.**

전략적 무자비함

세상은 늘 공정함을 강조하지만, 권력을 쥔 자들은 진실을 알고 있었다. 바로 세상의 (공정한) 규칙은 '믿는 자에게만 진짜일 뿐'이라는 것이다. 그래서 강자는 규칙을 맹목적으로 따르지 않는다. 이들은 언제 규칙을 지키고, 언제 깨는지를 알고 있으며, 그 판단 기준은 '전략적 무자비함(Strategic Ruthlessness)'이다. 과거부터 현재까지 '살아남은 자'들은 모두 전략적 무자비함이 있었다. '전략적 무자비함'이란 잔인함이 아닌 '효과성(무엇을 달성했는가)'으로써 감정을 배제한 판단력, 반드시 해내는 실행력, 경쟁자는 제거하는 과감성을 담고 있다.

다시 말하지만, 세상은 공정함, 도덕성, 친절함에 대해 보상하지 않는다. 오직 권력의 구조를 이해하고 이를 활용하는 자를 보상한다. **<u>강자(성공자)는 가장 윤리적인 자가 아니다. 가장 야망 있고, 가장 결단력 있으며, 가장 두려움 없고, 가장 전략적인 자다.</u>** 그런데 여기엔 함정이 있다. 전략적 무자비함으로 권력을 차지할 순 있지만, 그것을 오래 지켜주진 않는다. 권력을 끌어올린 그 힘이, 결국 자신을 무너뜨린다. 역사가 남긴 기록은 하나다.

권력을 다스리지 못한 자들은

결국 그 권력에 의해 '지배'당한다.

강자의 가장 큰 착각은 '자신의 권력이 지속될 것이라 믿는 것'이다. 다음 세 가지 사례를 살펴보자.

(1) 성공이 화가 된 카이사르

전쟁에서는 무자비했고, 정치에서는 교활했다. 로마 공화국마저 자기 뜻대로 휘어잡은 강력한 권력자였다. 그런 카이사르의 몰락 원인은. 그가 '너무 강력해졌기 때문'이다. 동맹은 적으로 돌아섰고, 야망은 그를 표적으로 만들었다. 결국 가장 가까운 이들에게 암살당했다.

(2) 욕망이 제국을 무너뜨린 나폴레옹

탁월한 전략가로서 끝없는 야망을 지닌 나폴레옹은 유럽을 재편하며 프랑스를 제국으로 만들었다. 그러나 권력욕은 그를 눈멀게 했다. 스스로 황제가 된 그는 강한 경고에도 불구하고 러시아를 침공했고, 심지어 적을 과소평가했다. 그의 자신감은 오만이었고, 결국 황제에서 유배자의 신세가 되었다.

(3) 무적 신념으로 사라진 기업들

2000년대 초반 비디오 대여 시장을 지배하던 '블록버스터'는 후발주자인 '넷플릭스'를 무시하다가 사라졌다. 1975년 세계 최초로 디지털카메라를 발명한 '코닥'은 필름 시장의 수익을 지키려다가 경쟁사들에 디지털 시장을 빼앗기고 2012년 파산보호를 신청했다. 한때 무적(無敵)이라 자부하던 기업들은 변화를 거부하다가 무너졌다.

이렇듯 권력은 지속되지 않으며, 정체(停滯)를 용납하지 않는다. 권력자의 가장 큰 착각은 '자신이 무적이라 믿는 것'이다. 하지만 권력을 움켜쥔 순간이 멈추면, 오히려 권력이 그들을 지배한다. 역사가 남긴 패턴은 단순하다. 무자비함으로 오르고, 오만으로 추락한다.

권력의 적은 외부가 아닌 '내부'에 있다.
스스로 통제하지 못한 권력자는 몰락의 길을 걷는다.

권력의 역사적 행태들

권력은 사회에서 질서를 만들고, 문명을 발전시키는 원동력이지만, 동시에 억압과 폭력, 독재와 파괴의 도구가 될 수 있다. 앞서 〈권력의 본질과 통제〉에서도 밝혔듯이, 권력은 특정 사상이나 현상, 제도에 따라 통제하는 시스템을 만든다(로젠한의 '정신과병원 실험'을 참고하라.). 다시 말해 권력자는 자신의 '특정 의도'가 담긴 사상과 제도 등을 통해 통제된 상태를 만든다. 문제는 이런 '통제 상태'가 우리가 사는 지금 시대까지 연결되어 있다는 것이다. 이번 장에서는 역사 속 '권력의 행태'가 어떻게 구체화되고 변형되었는지를 살펴보겠다.

권력의 연대기

1945년, 제2차 세계대전 종전(終戰) 후 세상은 안도했다. 인류 역사상 최대 규모의 전쟁이었기에 앞으로 전쟁은 없을 것으로 여겼다. 그러나 더 '큰 전쟁'은 그때부터 시작되었다. 전쟁에 승리한 연합국은 전후 질서를 새롭게 설계하기 시작했다. 연합국 총사령부를 비롯해 전후 협상을 주도한 이들의 목적은 단 하나, '영구적 통제'였다.

아래는 종전 후 권력의 행태를 정리해 분류한 '권력의 연대기'이다. 연대기를 통해 역사의 흐름 속에서 권력은 어떻게 유지되었는지, 어떤 시스템으로 작동했는지 알아보겠다.

(1) 국제통화기금(IMF) 설립(1944년)

국제통화와 금융질서, 구제 금융 등의 목적으로 IMF가 설립되었다. 구제 금융의 목적은 위기 완화와 경제 안정이지만, '조건부 승인(지원)'으로 장단점이 공존한다. 가령 종전 후 패전국엔 구호(救護) 활동이 벌어졌는데, 사실 단순한 지원이 아닌 '계약'과 같다. 즉 계약 서명은 '주권(主權)

의 일부 포기'를 뜻하고, 이는 '돈이 줄어드는 것'을 의미한다. 그 여파는 당장 나타난다. 가령 한 항구 도시는 지원금을 받는 대신 '관세 자율권'을 잃고, 공공요금은 '합리화'라는 말로 인상된다. 또 '대출표'엔 '긴축, 구조조정, 금리, 감시'란 단어가 작게 쓰여 있다. 왜 그럴까? 답은 간단하다. '돈이 방향을 바꿨기' 때문이다.

(2) 국제연합(UN) 창설(1945년)

전쟁을 막고 평화를 유지한다는 목표로 창설된 UN은 언뜻 국가(회원국) 간 평등해 보이지만, 실상은 그 반대로 철저히 '힘'에 의한 불평등이 존재한다. 주로 안전보장이사회 상임이사국(미국·러시아·중국·영국·프랑스) 권한(특히 거부권)이 해당된다. 그 외 국가별 이해관계(이익 충돌)에 따라 분쟁, 난민, 기후 변화 등 복합적인 위기에 대응하지 못하는 문제가 있다. 이런 상황을 빗대어 '정당성의 무대'라고 부른다. 가령 모든 국가가 표면적으론 '합의'하지만, 그 이면은 강대국에 '선택권'이 주어진다. 이것은 외교가 아닌 또 다른 형태의 지배에 불과하다.

(3) 세계은행(IBRD) 설립(1946년)

전쟁으로 황폐해진 국가 재건과 경제개발, 빈곤 감축을 목표로 설립된 IBRD는 세계 금융시장 차입(借入)을 통해 수혜국(受與國)에 자금을 조달하고, 민간투자 등의 방식으로 국제투자를 유도한다. 이에 대한 문제점도 발생하는데, 가령 수혜국의 건설은 강대국 기업이 맡고, 논쟁은 의회가 치르고, 채무는 국민이 갚는 구조다. 쉽게 말해 '개발'은 더 나은 내일을 약속하지만, 상환 일정은 오늘의 복지를 깎아 만든다. 이에 시간이 지날수록 자산(資産) 가치는 떨어지고, 후세대는 이런 '부채의 구조'를 상속받는다.

(4) 미국 중앙정보국(CIA) 창설(1947년)

CIA는 종전 후 냉전 체제 속 소련(현 러시아)의 위협에 대응하고, 미국 국가 안보를 강화하기 위해 창설되었다. 2차 세계대전 당시 정보기관의 문제(분산)를 겪은 미국이었기에 강력한(통합) 정보기관이 필요했다. 주요 임무는 해외 정보 수집·분석과 작전 수행으로, 미국의 외교 정책과 안보 전략에 필수적인 역할을 한다. CIA의 정보력과 영향력은 예측하기 어려운데 2025년 기준, 258개 국가와 지역에 대한 정치, 경제, 사회, 군사, 지리, 교통, 통신 등 광범위한 정보를 수집한다고 한다. 사실상 CIA 창설과 함께 본격적인 '보이지 않는 전쟁'이 시작된 것이나 다름없다.

(5) 세계보건기구(WHO) 설립(1948년)

UN 산하 보건 전문기구인 WHO는 인류의 건강 수준 향상을 목표로 설립되었다. 그런데 '국제보건'이라는 비정치적 분야임에도 국가 간 불화나 기부금 기반 재원(財源), 의사결정 구조에서의 권력 충돌이 발생한다. 가령 보건기구의 '정책과 지침'은 생명과 직결되기에 이견(異見)이 없어야 하나, 종종 권력에 좌우된 결정을 내린다. 쉽게 말해 '보건 지침'은 강제적이지 않다고 말하지만, 학교, 병원, 항공사처럼 규모와 운영 방식이 큰 기관은 국가의 기능을 좌우한다. 그러면 사람들은 규제를 '안내'로 이해하고, 그 순간부터 의무는 '설득'으로, 설득은 '순응'으로 바뀐다. 즉 '표준'이라는 통제를 하는 것이다.

(6) 북대서양조약기구(NATO) 설립(1949년)

NATO는 종전 후 서유럽 국가들이 소련(현 러시아) 중심의 동유럽 사회주의 국가들의 위협에 대응해 구축한 집단 방위 체제이다. 그러나 국가 간 방위비 분담이 불균형하며, 자국의 이득에 따른 의견차이나 의사결정으로 논란이 지속되었다. 특히 냉전 시대가 끝난 현재는 설립 목적과의 괴리로 필요성 자체에 의문이 제기되기도 했다. 심지어 미국 트럼프(Donald Trump) 대통령의 NATO 탈퇴 언급은, 그 가능성만으로 세계 질서에 큰 파장을 일으켰다. 핵심은 방위비와 무역 불균형 문제다. 즉 '집단안보'를 말하지만, 결국 가장 중요한 건 자국의 이득이기에 동맹국 간에도 '힘의 행사'가 이루어진다.

권력의 연대기(1944~1949년)에서 권력은 '형식'으로 나타난다. 이것을 이해하려면 인물이 아닌 당시 제도나 조항을 살펴봐야 한다. 가령 '도움'이라는 계약, '안보'라는 명분, '표준'이라는 절차처럼 말이다. '언어'는 명분(名分)을 만들어준다. 같은 행동도 '평화 유지, 안보 조치, 개발 협력' 명분 아래 의미가 바뀐다. **총칼은 시간이 흐르면 녹슬지만, 언어적 명분과 문장의 형식은 지속된다. 심지어 승자(강자)는 다음 세대를 훈련시킨다.**

**권력은 문장의 '형식'으로 남으며,
권력의 역사는 '폭력'이 아닌 '형식'의 연대기다.**

이것을 염두하고 다시 권력의 연대기를 보면 한층 이해가 빠르다. '금융'은 정책을 계수화했고(IMF, IBRD), '외교'는 개입을 의례화했으며(UN), '정보'는 현실의 해석권을 통일했다(CIA). '보건'은 조직들의 동시성을 가속했고(WHO), 각각은 불완전했지만 '함께'일 때 완성되었다(NATO). **전쟁 없이 승자가 되는 체계, 이것이 권력이 택한 최신의 역사 형태다.** 앞으로의 권력 연대기는 '누가 더 많이 점령하느냐'가 아니라, '누가 더 넓게 표준을 배포하느냐'로 기록될 것이다.

힘의 논리

오늘날 미국이 절대 패권국(覇權國)이란 사실을 모르는 사람은 없다. 정치·경제·외교·군사·문화 등 미국의 국제 영향력은 막강하며, 특히 군사력은 역사상 모든 패권 국가들보다 압도적이다(세계 135국에 820개 부대와 20만 명이 넘는 미군이 주둔하고 있다.). 그런데 이런 미국의 독주를 우려하는 시선도 있다. 2026년 2월 발표된 뮌헨 안보 보고서에 의하면 "2차 세계대전 이후 미국이 주도해 온 '자유주의 국제 질서'가, 그 설계자인 미국에 의해 해체되고 있다"라고 밝혔다. 즉 국제 사회의 보편적인 원칙과 상식이 더 이상 중요하지 않으며, 미국이 '힘의 논리'를 노골적으로 드러낸다는 것이다.

사실 국제관계에서도 원칙적으로는 법이 존재하지만, 그 법은 모든 국가에 공평하지 않다. 소위 '힘 있는' 국가는 법이나 협약을 얼마든지 뒤집고, 협상이나 약속은 큰 의미가 없다. 역사적으로도 '힘의 암투'는 늘 존재했으며, 전쟁에 진 국가의 국민은 노예가 되었다. 시대가 바뀌어도 강한 국가가 약한 국가를 지배한다.

현재 비판받고 있는 미국의 '불도저 정치(Bulldozer Politics)'도 사실 자국(自國)을 위한 것이다. 전 세계는 지금 '각자도생(各自圖生)의 가속화 시대'를 사는 것과 같다. 2025년 12월, 미국 국방부 장관 피트 헤그세스(Pete Hegseth)는

"앞으로 미국은 실질적이고 구체적인 이익을 최우선으로 삼아 '힘을 통한 평화'를 구축하겠다"라고 밝혔다.

'힘의 논리'는 지속 통용되며 패권국이 아닌 나라는 패권국의 '비위'를 거스르지 않는다.

웹툰 〈캐슬〉에 **"강자의 기분이 약자의 질서다"**라는 말이 나온다. 물론 허구의 대사다. 그러나 우리 현실은 이 말을 따라잡은 지 이미 오래다. 앞서 살펴본 '권력의 연대기'에서 권력은 '형식'으로 작동했다. IMF는 금융으로 주권을 계수화했고, UN은 외교로 개입을 의례화했으며, CIA는 정보로 현실의 해석권을 장악했다. 총칼 없이도 세계를 지배하는 구조가 완성된 것이다. 그러나 형식만으로는 부족한 순간도 있다.

미국은 지난 수십 년간 '중동의 민주화, 아프가니스탄 국가 건설, 우크라이나 국경선' 등 '다른 곳'에 정신을 팔면서 정작 자국(미국)의 대륙은 챙기지 못했다. 그리고 미국이 챙기지 못한 '공백'을 중국이 파고들었다. 일종의 카르텔이 형성된 셈이다. 즉 **형식이 비어 있는 곳에는 다른 형식이 들어온다. '권력의 연대기'가 반복되는 것이다.**

1823년, 미국의 제임스 먼로(James Monroe) 대통령은 "서반구는 유럽의 영역이 아니다"라고 선언했다(먼로 독트린/Monroe Doctrine). 당시 미국은 '선언만' 했다. 왜냐, 집행할 힘이 없었기 때문이다. 200년이 지난 현재 미국은 실제로 '집행'한다. 트럼프 대통령은 "서반구는 미국의 영역이고, 미국이 질서를 정하며, 위협은 제거한다"라고 '현대판 먼로 독트린'을 선언했다. 여기서 많은 사람이 불편함을 느낀다. '저건 제국주의 아닌가?' 미국의 제국적 속성엔 의문의 여지가 없어 보인다.

'힘의 논리'는 도덕적으로 옳고 그름을 따지지 않는다.

오로지 힘이 '작동하는가, 작동하지 않는가?'만을 묻는다.

권력의 연대기가 '형식'의 역사라면, 지금 우리가 목격하는 것은 그 '형식의 민낯'이다. 즉 '힘의 논리' 앞에선 굳이 상대방을 설득할 필요가 없다. 상대방이 선택을 바꾸도록 구조를 바꾸면 된다. 때론 도덕은 강자에게 족쇄이고, 약자에게 무기로 작용하지만, 그 무기도 '힘'이 없으면 작동하지 않는다. **모든 질서는 '힘의 균형'으로 유지되며, 그 힘이 이동하면 질서 또한 이동한다.**

만약 당신의 경쟁자가 당신의 것을 베꼈을 때 "왜 정정당당하게 승부 안 해?" 호소하고, 내용증명을 작성해 보내고 말 것인가? 경쟁 세계에서 공평함은 보장되지 않으며, 법을 운운하며 도덕심으로 호소해도 타인은 들어주지 않는다. 혹시 '착한 세계'가 오기를 기다린다면, 현실을 직시하고 내가 속한 사회(조직)가 움직이는 원리를 파악하라.

예나 지금이나 세상은 '힘의 논리'를 따른다.
약육강식(弱肉强食)의 세계에서 오직 '강자'만이 살아남는 것이다.

권력과 자기 재창조의 상관성

길들여진 도덕

근대 이전에는 '권력은 도덕으로부터 나온다'라고 여겨졌다. 그러나 근대 이후 권력은 더 이상 도덕(윤리)에 의존하지 않게 되었다. 독일의 철학자 니체(Friedrich Nietzsche)는 기존의 절대 진리를 해체하고, 인간이 스스로 가치를 창조해야 한다고 주장했다. 그가 "신(神)은 죽었다"라고 선언한 것도 기존 '도덕 체계'의 붕괴를 의미한다. 니체의 관점에서 도덕은 절대적 진리가 아닌 '권력관계'에서 형성된 것으로 '주인 도덕'과 '노예 도덕' 두 가지로 구분된다.

도덕	특징
주인 도덕(힘, 야망, 자기 극복 등)	원하는 건 승인(허락) 없이 손에 넣는다.
노예 도덕(복종, 피해 의식 등)	'약함'을 미덕(美德)이라 포장한다.

그런데 대중은 '노예 도덕'을 주입받아 강자의 힘과 야망은 '악'이고, 자신(약자)들의 복종과 겸손은 '선'이라 미화했다. 즉 도덕은 집단의 이해관계가 만든 환상에 가까우며, 약자에게 도덕은 강자로부터 자신을 지키는 개념(규범)인 것이다.

**강자에게 도덕은 '족쇄'가 되고,
약자에게 도덕은 '무기'가 된다.**

현실에서 권력의 보상, 즉 사회에서 말하는 성공은 착하거나 친절한 자에게 주어지지 않는다. 정치·경제·문화 등 다양한 분야에서 권력을 쥔 자들은 남들과 다른 심리적 특성을 가졌다. 대표적인 특징으로 이들은 저마다의 '야망'을 품고 있는데, 보통 사람들은 '이 정도면 됐지'라는 생각으로 안정적인 삶과 '평범함'에 타협하지만, 야망 있는 사람은 거기서 멈추지 않는다. 이들은 스스로 '나는 더 큰 존재다'라는 믿음과 '그 이하로는 절대 받아들일 수 없다'라는 반응을 일으킨다.

문제는 여기서부터다. 세상은 정의를 말하지만, 실제로는 전혀 다른 법칙이 지배한다. 그리고 **야망을 드러낸 사람은 '이기적'이란 낙인이 찍힌다. 게다가 누군가가 권력을 노리면 '욕심이 과하다'며 손가락질 한다.** 그래서 대중은 이러한 시선을 두려워해 자신을 검열한다. 그러나 권력 시스템은 반대로 작동한다. 정치는 타협이 아니라 '밀어붙이는 자'가 승리한다. 기업의 권력투쟁도 겸손한 자가 아니라 '자기 성과'를 과감히 내세운 자가 앞선다. 또 시장에선 안정이 아니라 '위험을 감수한 자'가 그 판을 차지한다.

그런데 다크 트라이어드는 '도덕과 평판은 대중을 구속하는 장치'라는 비밀을 알고 있다. 다시 설명하면, '이기적이다, 욕심이 과하다'라는 비난들이야말로 권력 시스템이 주는 보상 직전의 신호이다. 즉 일반인(대중)이 피하는 욕심, 야망, 계산이야말로 권력의 핵심 요소다. 그래서 역사는 겸손한 자가 아니라 욕망을 드러내고, 계산을 실행하고, 권력을 움켜쥔 자의 이름을 남겼다.

지금까지 역사는 다음 네 가지 패턴을 반복해 왔다.

첫째, 순진한 도덕은 '패자의 무덤'이다.

도덕은 약자를 길들이는 장치일 뿐, 강자는 자신에게 유리할 땐 따랐으나 방해가 되면 무시했다.

둘째, 힘을 발산하는 자가 군중을 지배한다.

군중은 '구걸'하는 자를 따르지 않는다. 두려움을 주고, 압도하는 강자를 흠모하고 따른다.

셋째, 전략은 감정보다 냉혹하다.

진정한 강자는 모든 것을 파괴하지 않았다. 필요할 땐 무자비했고, 유리할 땐 친절했다.

넷째, 진화하지 못한 권력은 스스로 무너진다.

정체된 권력은 무너질 뿐, 변화해야 생존한다. 거대한 제국도 새로운 적에 대응하지 못하면 멸망하고, 초일류 기업도 혁신하지 않으면 사라지며, 안주한 권력자는 몰락했다.

핵심은, 권력의 구조를 이해한 자들이 살아남는다는 것이다. 이를 역사적 사실(경험)과 현재의 우리 삶(사건)이 입증한다.

자기 재창조의 힘

오스트리아의 정신과 의사이자 홀로코스트(Holocaust)의 생존자인 빅터 프랭클(Viktor Frankl)은 나치 강제수용소에서의 경험을 기록해 세계적인 명저《죽음의 수용소에서》를 남겼다. 그는 '희망이 전혀 없는 상황에서 왜 살아야 하는가?'라는 질문을 실제 생존의 조건으로 분석하며 '의미 치료(Logotherapy)'를 정립했다. 핵심은 "어쩔 수 없는 상황에서도 스스로 의미를 부여하지 못하는 인간은 살 수 없다"라는 것이다. **때론 '작은 목적' 하나가 인간의 생존력을 결정한다.**

빅터 프랭클은 '희망의 왜곡'도 관찰했다. 가령 '근거 없는 낙관(전쟁은 언제 끝난다)'은 그 날짜가 다가올수록 급격한 체력 저하를 가져왔다. 실제 한 동료는 꿈에서 들은 전쟁 종료 날짜를 믿다가 그날을 앞두고 급격히 쇠약해져 사망했다. 빅터는 전쟁이 끝나지 않을 수도 있다는 '냉정한 현실'을 인정하고, 대신 자신이 반드시 해야 할 의미를 붙잡음으로써 정신적·육체적 붕괴를 막았다.

그러던 어느 날, 그는 자기 안에서 희망이 아니라 이상한 '왜곡된 결심'이 솟구친 걸 기록한다. **나는 내 고통을 그들에게 보여주지 않겠다. 그들은 나의 절망조차 빼앗지 못한다.'** 어찌 보면 이것은 '뒤틀린 용기'다. 즉 살기 위한 의지라기보다 무너지는 모습조차 빼앗기지 않겠다는 절박한 반격인 것이다. 이렇듯 처절한 몸부림 속에서 의미를 찾아 그 의미를 자신에게 내던져 달려가는 것이 인간이다. **고통이 깊어질수록 인간은 외부의 희망이 아니라 내부에 새로 만들어낸 '작은 이유' 하나에 매달린다.** 인간은 고통을 제거할 수 없을 때, 그 고통을 견딜 만한 형태로 재창조하는 존재다. 그 재창조가 곧 정체성의 변형이며, 극한에서만 드러나는 가장 원초적인 본능이다.

먼저 당신의 '아이덴티티(Identity)'를 재창조하라.

이는 모든 권력과 모든 전략의 첫 토대다. 원초적 불을 훔쳐 인간에게 준 신화 속 '프로메테우스'처럼, 우리는 스스로를 재창조할 권리를 쟁취해야 한다. 그리고 그 창조물에 대한 책임을 져야 한다. 재창조한 아이덴티티는 당신을 세상으로부터 보호한다. 그것은 기존의 당신이 아니며, 필요에 따라 입고 벗는 또 하나의 '갑옷'이다. 그 갑옷을 입는 순간, 당신은 상처받지 않는다. 심리적 부담도 없다. 그저 역할을 수행하는 힘만 남는다.

세상은 진심이 아니라 '연출된 자아'에 굴복한다.

그 '연출된 자아'를 다루는 능력이 바로 권모술수(權謀術數)의 핵심이다('연출된 자아'에 대해선 다음 장에 상세히 설명하겠다.). **자기 재창조의 힘은 가장 원초적인 감정, 즉 분노와 공포의 충돌에서 깨어난다.** 분노는 공포에 대적할 수 있는 유일한 감정으로, 반격을 선택한 자에게만 활성화되는 공격기제이다. 사람들은 분노를 악이라 말하지만, 실상은 공포에 억눌려 사는 인간이 위험하다. 그들의 침묵과 굴종, 그 안에 쌓이는 억압이야말로 예측 불가능한 폭발을 낳는다.

약하기에 분노하고, 부서졌기에 용기를 내며, 공포를 떨쳐버리려는 감정은 당신이 살아남기 위해 선택한 '최후의 연료'로써 가장 본능적이며, 가장 인간적인 힘이다. 이를 적절한 도구로 사용할 때, 당신의 정체성은 완전히 다른 단계로 진입한다. 그 순간부터 당신은 더 이상 예전의 당신이 아니다. 사람의 성격은 성인이 된 후에도 고정되지 않는다. 유전·환경·관계가 인격을 형성하듯, 당신은 그 틀을 다시 설계할 수 있다.

권력을 쥐고 싶다면, 당신의 인격을 누가 빚을지 선택해야 한다. '세상인가? 타인인가? 아니면 당신 자신인가?' 과거 몇천 년 동안 이 권리는 오직 왕과 군주에게만 허락되었다. 그들만이 자신을 원하는 형태로 다시 그릴 수 있었다. 평범한 사람들은 사회가 부여한 역할 속에서 자아의 식조차 갖지 못한 채 살아갔다. 하지만 지금 이 시대는 다르다. 지금은 누구나 자기 이미지를 창조할 수 있다. 이러한 '선택'은 자유인 동시에 '책임'이며, 무엇보다 '힘'이다.
당신을 빚는 자가 곧 당신의 주인이다.

남들이 당신을 조종하게 그냥 둘 것인가?
아니면 뒤틀린 용기와 원초적 분노까지 연료 삼아
자신을 스스로 재창조할 것인가?

당신의 선택이 곧 권력의 시작점이다.

권력의 두 얼굴, 페르소나

이미지가 곧 권력이다

우리는 흔히 세상에서 '가면(Persona)'을 쓰고 살아간다고 한다. '직장에서 나, 가족 앞의 나, 친구 앞의 나'처럼 가면의 종류도 제각각이다. 같은 사람인데 왜 가면이 달라질까? 상대방이 원하는 모습을 계산하기 때문이다. 그리고 대부분의 사람은 계산의 기준을 자신이 아닌 타인의 시선, 사회의 기준, 미디어의 답안에 맞춘다. 그렇게 자신도 모르게 남들의 기준으로 자신을 평가하고, 그들이 원하는 가면을 쓴다.

일반적으로 이미지(Image)란 외부에 표출되는 인간의 속성, 또는 외부 사람들에 의해 느껴지는 개성을 뜻한다. 이미지는 내적 이미지와 외적 이미지로 나뉘는데, 내적 이미지가 '내가 나를 보는 방식'이라면, 외적 이미지는 '타인이 나를 보는 방식', 즉 말투나 표정, 태도, 등장 방식 등 나를 판단하는 모든 요소가 외적 이미지이다. 그런데 대부분의 사람은 외적 이미지를 포장이라고 생각한다. 실체와 다른 무언가를 덧씌우는 것, 그래서 외적 이미지를 꾸미면 거짓말처럼 느껴진다.

권력자들에게 외적 이미지는 포장이 아닌 '설계'다.

이들은 먼저 타인이 나를 어떻게 해석할 것인가를 결정하고, 그 해석이 일어나도록 모든 요소를 배치한다. '내적 이미지'가 뿌리라면, '외적 이미지'는 그 뿌리가 밖으로 드러난 형태다. 따라서 뿌리가 단단하지 않으면 아무리 외형을 꾸며도 흔들린다. 그렇다면 그 뿌리는 어디서 만들어지는가? 나 자신이 처절하게 무너졌던 순간에 만들어진다. '부서진 자아(自我)'는 끝이 아닌 시작이며, 그 잔해는 감추는 것이 아닌 재조립해야 하는 자산(Resource)이다. **지금까지 당신이 겪은 무너짐의 감정(분노, 치욕 등)을 과거의 상처로 끝내지 않고 '이미지 메이킹'의 원료로 삼는다면, 이미 권력가들은 알고 있는 '비밀 자산'이 될 수 있다.**

당신이 사회에서 맡은 역할은 무엇인가? 대부분의 사람은 사회가 던져주는 이미지에 속아 자신을 소비하며 인생을 낭비한다. 사회에는 '이렇게 살아야 한다'와 같은 모범 답안이 있고, 미디어는 '이게 옳다'라고 욕망을 자극한다. 그러나 이미 권력을 가진 자들은 사회나 미디어의 답안에 아랑곳없이 자신의 역할을 창조한다. 여기서 끝나지 않는다. 스스로 자기 역할을 창조한 사람은 곧 '타인의 해석'을 설계할 수 있다. 대중은 언제나 '보이는 것'으로 판단하며, 그 판단은 곧 당신의 정체성을 규정하는 힘이 된다. 따라서 **'역할 창조'란 단순한 이미지 조작이 아니라, 타인의 인식(해석)을 통제하는 초기 단계이다.**

그런데 새로운 역할은 언제나 기존 질서와 충돌한다. 기존 질서 내 자기 역할에 안주한 자들은 당신의 변화가 가져올 '예측 불가성'을 두려워하기에 당신을 억누르려

한다. 바로 이때 '역할 창조'의 효과가 발휘된다. 즉 불확실했던 것이 명확해지며 당신의 존재감과 영향력이 드러나게 된다.

**그들은 당신이 흔들리지 않을수록
당신을 '같은 인간'으로 보지 못한다.**

쉽게 말해, 당신이 자신을 연출(이미지 메이킹)하기 시작하면 타인은 더 이상 당신을 평가하지 못한다. 이를 모르는 그들은 여전히 당신을 해석하겠지만, 해석하는 그 순간부터 이미 당신의 설계안에 들어온 것이다.

그렇다면 당신에게 한가지 질문하겠다. 이 사회에서 과연 강자는 악(惡)이고, 약자는 선(善)인가? 혹시 당신은 강자가 될 수 없기에 '강자는 나쁘고 비난받아야 한다'란 맹목적인 신념에 빠진 것은 아닌가? 물론 강자는 선천적으로 타고난 경우가 많다. 지적 능력과 강한 체력, 경제적 우위 등 선천적 요인이 강자의 위치에 유리한 것이 사실이다. 그러나 선천적 요건이 불리해도 충분한 교육과 학습, 훈련, 개인적 노력으로 강자가 될 수 있다.

강자와 약자의 차이는 선천적 요인이나 운명에서 오는 게 아니라 '어떻게 살아남았는가'에서 결정된다. 사람은 누구나 한번 죽는다. 그런데 어떤 죽음은 태산보다 무겁고, 어떤 죽음은 깃털보다 가볍다. 그 죽음의 무게가 달라지는 이유는 '왜 살아야 하는가'에서 결정되는데, 중요한 시점의 선택이 자기 삶에 결정적 영향을 미친다는 뜻이다.

**강자와 약자는 역경과 문제를 대하는
태도에서 뚜렷한 차이를 보인다.**

사마천의 사례

중국 전한의 역사가인 사마천(司馬遷)은 동양 역사학을 대표하는 인물이다. 그가 집필한 《사기》는 중국의 전설적인 황제부터 한무제에 이르기까지 3천여 년의 중국 역사 속 수많은 사람의 리더십과 처세가 담긴 '인문학의 교과서'이다. 사마천은 '천하의 역사를 기록하겠다'라는 사명으로 《사기》를 집필하던 중 한무제(漢武帝)에게 직언하다가 노여움을 받아 사형을 선고받았다. 당시 사형을 면하려면 거액의 벌금을 내거나 궁형(宮刑)을 받는 것이었는데, 그는 벌금을 낼 경제적 형편이 되지 않았다.

결국 궁형을 선택한 사마천은 이렇게 말했다.

"나는 하찮은 죽음을 피하고자 치욕을 택했다."

궁형은 남자의 생식기를 제거하는 형벌로 사형보다 무섭고 수치스러운 형벌이다. 특히 고대 시대 가부장제의 중요성을 생각했을 때 궁형은 단순한 처벌이 아니라 자신의 존재를 부정당하는 '사회적 사형'이자 인간의 존엄성을 잃는 최고의 치욕이었다. 하지만 사마천은 수치와 모욕을 거부하고, 죽음을 택해야 하는 상황에서 '기록을 위해 살아남는다'라는 새로운 선택지를 스스로 만들었다. 주나라 문왕(文王)은 감옥에서 《주역》을, 공자(孔子)는 난세에 《춘추》를, 손빈(孫臏)은 두 다리를 잃고도 《손빈병법》을 남겼다. 이와 마찬가지로 사마천은 무려 130편에 이르는 《사기》를 반드시 완성해야 했다. 비록 초고조차 끝내지 못한 채 궁형을 받았지만, 그는 글을 멈추지 않았다.

"천하를 기록해 후대의 평가를 받는 것이, 지금 내가 이 치욕을 견디며 살아 있어야 하는 이유이다."

사마천이 한 말이다. 당시 심정에 대해 사마천은 "하루에도 마음이 아홉 번씩 찢어지는 고통을 견뎠다"라고 기록했다. 그렇게 20여 년에 걸쳐 그는 《사기》를 완성했다.

"사람의 눈은 아름다운 모습을 좋아하고,
귀는 듣기 좋은 소리를 선호하며,
입은 고기의 맛을 추구하고,
몸은 편안과 쾌락을 원한다.
그리고 마음은 이것을 남에게 자랑하고 싶어한다."
_사마천

인간 삶의 근본은 사마천이 살았던 당시나 지금이나 큰 차이가 없다. 여전히 세상은 능력을 보지 않고 '능력처럼 보이는 것'에 반응한다. 그렇기에 '진짜 권력자'는 현실보다 타인의 머릿속에 존재하는 '자기 이미지'를 먼저 통제한다. 가령 평범한 사람은 상대방의 재산이 자기보다 열 배 많으면 헐뜯고, 백배 많으면 두려워하며, 천배 많으면 그의 심부름을 하고, 만배 많으면 그의 종이 된다고 한다. 이것이 곧 세상 만물의 이치다.

사람들은 사실을 해석하기 전에 먼저 그 사람에 대한 이미지를 살펴본다.

"그 사람은 냉정하다."

"그 사람은 무너지지 않는다."

"그 사람은 절대 약점을 보이지 않는다."

이러한 이미지는 상대방의 사고 체계를 '선행 통제(Antecedent Control)'한다.

이미지는 사실을 왜곡하지 않는다.
다만 사실을 재해석하게 만든다.

《사기》의 〈열전〉 부분에는 170여 명의 인물이 수록되었는데 왕, 장군, 학자, 상인, 심지어 도적까지 각계각층 인물의 이야기를 통해 당시 사회상과 교훈을 입체적으로 보여준다. 예를 들어 초나라의 항우는 현실에서 패배한 인물이다. 그러나 사마천의 손에 의해 그의 패배는 역사적 사실이 아니라, 한 인간의 기개와 몰락을 관통하는 거대한 서사로 재구성되었다. 사마천이 그린 항우는 승리의 순간에는 누구보다 거침없고, 패배의 순간에는 누구보다 인간적이며, 죽음 앞에서는 장수와 군신을 먼저 생각한 인물이었다.

사마천은 항우의 패배를 결점으로 기록하지 않고, 그 패배 속에서 빛난 '진짜 힘', 자기 자신을 속이지 않는 순정한 기개를 발견했다. 패한 영웅이 스스로 목숨을 끊고자 전장을 떠나는 순간, 그 죽음은 더 이상 실패가 아니라 '세속적 승패를 초월한 절정의 순간'이 된다. 그 결과, 실제 항우는 패배자임에도 불구하고, 지금까지 중국인의 정서와 문학을 대표하는 비극적 영웅으로 자리 잡았다.

물론 현실은 유방이 이겼지만, 사람들의 마음속에서 승리한 것은 항우였다. **이는 단순한 기록이 아니라 '이미지 메이킹'의 힘이 역사를 이기는 장면이며, 사마천이 세운 가장 강력한 서사적 승리다.** 따라서 '평판(이미지 메이킹)'은 타인의 판단 기준을 바꾸고, 그들의 공포나 존경, 의존, 동맹의 방향을 재정렬하는 보이지 않는 조종 장치다. 역사 속 전쟁터의 장수든, 제국의 재상이든, 현대 사회의 리더든, 모두 '보이는 방식'을 먼저 설계한 사람이 승리했다.

당신도 타인의 판단을 바꾸고 싶은가? 그렇다면 당신의 능력을 증명하려 하지 말고, 먼저 당신의 존재에 대한 '기준값’을 설계해야 한다.

이미지 메이킹의 진짜 비밀은 이것이다.
타인은 당신의 전체가 아닌 ‘대표 장면’만 기억한다.

가령 사마천의 대표 장면은 ‘치욕을 견디며《사기》를 완성한 남자’이다. 제나라 안영(晏嬰)의 대표 장면은 ‘소신을 굽히지 않고 왕에게 간언한 명재상’이다. 손빈의 대표 장면은 ‘불구의 몸에도 적의 자만을 역전시킨 천재 전략가’이다. 이러한 ‘대표 장면’이 나머지 수천 개의 복잡한 사실을 모두 압도한다. 이렇듯 사람들은 표정이나 행동, 문장, 작은 숨결을 통해서도 당신의 ‘전체 모습’을 상상한다. 그렇기에 이미지는 실체보다 강하고, 평판은 실력보다 오래 간다.

그렇다면 과연 당신이 남길 ‘대표 장면’은 무엇인가? 그 장면이 바로 ‘권력의 출발점’이다. 이미지는 ‘포장술(包裝術)’이 아니다. 겉만 감싸는 포장은 오래가지 못하고, 과도한 연출은 오히려 신뢰를 무너뜨린다. 이를 잘 알고 있는 **권력자들은 ‘보여줄 것’만 보여주고, 나머지는 해석하게끔**

남겨둔다. 절대 확실한 정보를 전부 주지 않는다. 명확하면 약점이 보이고, 모호하면 상대방의 머릿속에서 해석이 증폭되기 때문이다.

'확실한 강함'보다 '추측되는 강함'이 더 위험하고, 그래서 더 강한 것이다.

이미지 메이킹은 과감함과 절제의 적절한 균형과 조화를 통해 만들어진다. 그래서 권력자의 얼굴은 화려하지 않지만, 절대 잊히지 않는다. 권력자의 진짜 모습은 외형은 물론 내면까지 권력의 본질을 함축적으로 보여준다.

Chapter 2

다크 심리학,
권력을 말한다

다크 트라이어드 핵심 정리

<Chapter 2>에서는 '다크 심리학'의 관점에서 본 권력에 관해 설명하겠다. 앞서 다크 트라이어드 성향은 권력의 구조에서 성공을 담보하도록 설계된 반응이라고 말했다. 이번 장에서 밝히는 다크 트라이어드의 사례를 통해 '그들이 어떤 전략으로 접근하는지', 그리고 '우리는 어떻게 대처할 수 있는지'를 이야기하겠다. 본격적인 시작에 앞서 다크 트라이어드의 핵심을 정리하겠다. 전편 <다크 심리학>에서 소개한 내용이기에 이미 아는 내용일 수 있지만, 점검 차원에서 다시 살펴보자.

다크 트라이어드의 특징

'다크 트라이어드(Dark Triad)'는 인간 본성의 어두운 세 가지 성향으로, 마키아벨리즘, 사이코패스, 나르시시즘을 말한다. 이들 각각의 대표적인 성격 특성은 다음과 같다.(마키아벨리즘 추종자 중에 '마키아벨리안'은 성향, '마키아벨리스트'는 태도에 가깝다. 본 책에서는 맥락에 맞춰 혼용한다.)

앞에서도 말한 것처럼 '권력 구조'는 다크 트라이어드에

마키아벨리안	사이코패스	나르시시스트
조작적 성향	반사회적 인격장애	지나친 자기애
• 자신의 목적 달성을 위해 수단과 방법을 가리지 않는다. • 철저한 전략으로 타인을 통제하고 지배한다. • 도덕과 윤리를 중요하게 여기지 않는다.	• 타인에 대한 공감력이 없기에 이용하는 데 능숙하다. • 거짓말, 속임수, 무책임한 태도를 반복한다. • 자기 이득을 위해 감정 연출을 한다.	• 자신의 능력이나 성취를 지나치게 과장한다. • 스스로 특별한 존재로 여기며, 비판에 과민 반응한다. • 가스라이팅, 희생자 코스프레를 한다.

게 유리하도록 설계되어 있다. 이와 연관된 이들의 세부적인 특징을 살펴보자.

마키아벨리안

특징: 원칙이 없고, 냉정하며, 인간 본성에 대해 비관적이다.

목표: 돈, 권력, 승리를 원한다.

관계: 조종과 속임수로 타인을 이용한다. (조종에 실패하면 훔치거나 배신한다.)

내면: 좋게 보이는 것보다 '두려움'을 주는 것이 낫다.

전략: 상대를 모욕하거나 겁을 줘서 지배한다.

사이코패스

특징: 차갑고 두려움을 주는 인상으로, 공포심이 거의 없고 충동적이다.

성향(목표): 자극과 스릴을 즐긴다.

관계: 타인과의 정서적 유대나 애착을 거의 맺지 않는다.

내면: 타인에게 잔혹하게 행동해도 죄책감이나 후회를 느끼지 않는다.

전략: 감정 조작과 거짓말, 권력욕구를 이용한 행동 패턴을 펼친다.

나르시시스트

특징: 과도한 자기 과시, 권리 의식, 우월감이 있다.

목표: 타인의 칭찬과 존경을 갈망한다. (원하는 걸 얻으면 금세 관심이 식는다.)

관계: 다른 사람을 배려하지만, 사실 자신의 지위를 높이려는 방법이다.

내면: 겉으로는 자신을 사랑하는 것처럼 보이지만, 깊은 열등감을

다크 트라이어드의 삶

다크 트라이어드는 '어두운 성향'이란 공통점을 지녔지만, 문제에 대한 반응은 서로 다르다. 가령 '누가 가장 어두운 성격을 가졌는가?'라고 물으면 이렇게 대답할 것이다.

마키아벨리안: "그건 네가 아니라 내가 결정한다."

사이코패스: "난 그런 것 따위에 아무 관심 없어."

나르시시스트: "당연히 나지, 내가 가장 어두워."

다크 트라이어드는 타고나는 것일까? 길러지는 것일까? 연구에 따르면 나르시시즘과 사이코패스는 강한 '유전적 요인'이 존재한다. 반면 마키아벨리즘은 유전적 요소보다 '환경의 영향'을 더 많이 받는다. 즉 정확히 이분법적으로 나누는 것은 불가능하며 셋 다 복합적인 요인이 있다.

사이코패스, 나르시시스트: 개방성(Openness)과 외향성(Extraversion)이 높다.

마키아벨리안, 사이코패스: 성실성(Conscientiousness)이 낮다.

마키아벨리안, 사이코패스, 나르시시스트: 우호성(Agreeableness)이 낮다.

사이코패스: 신경성(Neuroticism)이 거의 없다. (즉 어떤 일이 벌어져도 태연하다.)

대부분의 사람은 '느린 삶 전략(Slow Life Strategy)'을 택한다. 즉 타인과 장기적 관계를 맺고, 소수의 자녀에게 부모로서 시간을 투자한다. 반대로 다크 트라이어드는 '빠른 삶 전략(Fast Life Strategy)'을 추구한다. 짧은 인생 대비 성적 관계 대상이 많으며, 육아 회피를 하고, 타인과의 관계에 시간을 투자하지 않는다. 이러한 모습은 현대 사회의 경쟁구조(기업이나 조직)에서도 재현된다.

마키아벨리안: 매력과 모욕을 섞어 조종한다.

사이코패스: 위협과 공포를 사용한다.

나르시시스트: 외모와 지위를 과시한다.

이렇듯 다크 트라이어드는 경쟁 상황(관계)에서 밀어붙여 권력의 상층부까지 올라갈 가능성이 높다. 이들에 대한 연구는 지속되고 있으며 심리학(범죄심리), 비즈니스 등 다양한 분야에서 활용되고 있다. 사실 글을 읽는 것만으로는 크게 와닿지 않을 수 있다. 이어지는 다음 장부터 구체적인 사례와 함께 다시 설명하겠다.

다크 트라이어드의 권력 의지

권력 시스템과 다크 트라이어드

지금 시대는 다크 트라이어드 성향(사이코패스, 마키아벨리즘, 나르시시즘)이 강한 사람이 단기적 협력 상황에서 높은 신뢰를 얻는다. 이를 뒤집어 말하면, 지금은 타인을 자기 마음대로 조종(조작)하며 지배(통제)하는 다크 트라이어드가 판치기 좋은 세상이란 뜻이다. 우리가 살아가고 있는 현대 사회는 과거 왕권 시대와 달리 권력이 집중되기보다 분산(제도화)되어 있는데, 이러한 권력 시스템(관계)에선 다크 트라이어드가 빛을 발휘한다. 그들은 매 순간 상대방의 사고 흐름과 패턴을 분석하고, 다양한 상황을 판단하는 순발력과 교묘함으로 우리를 쉽게 속일 수 있다.

만약 다크 트라이어드가 당신을 조종하고 지배하고자 마음먹었다면, 그들은 다음과 같은 전략을 구사할 것이다.

마키아벨리스트는 숨어 있다가 '기회'를 엿본다.

당신이 방심했을 때를 노리고 '물밑 작업'을 벌여 당신의 영향력을 조금씩 갉아먹는다. 예를 들어 회사에서 당신이 주도하는 회의 분위기를 교묘하게 뒤집거나, 당신이 구축해 온 인맥의 신뢰를 슬쩍 흔들어댄다.

나르시시스트는 '당신의 자리'를 탐낸다.

이들은 '내가 저 자리에 앉으면, 내게 관심이 쏟아지겠지?'라고 상상한다. 그러면서 당신의 이미지를 깎아내리고, 자신이야말로 진정한 능력자라고 과시한다.

사이코패스는 '공포'를 이용한다.

사실과 거짓을 교묘하게 섞어 불안과 공포를 조장한다. 가령 당신의 과거 실수나 약점을 쥐고 협박하거나 가짜 뉴스를 퍼트려 사람들을 혼란스럽게 만들고, 명예가 땅에 떨어지지 않길 바라는 당신에게 심리적 압박감을 준다.

다크 트라이어드의 전략이 정말 무서운 이유는 '자신도 모르게' 당하기 때문이다. 이들은 상대방의 가장 취약한 부분을 파고들어 자신이 원하는 결과를 얻고자 거짓말과 속임수 쓰는 것을 당연하게 생각한다. 그러니 안이하게 방심하지 말고, 어떤 상황에서든 다크 트라이어드의 덫에 걸리지 않도록 경각심을 갖고 대응법을 숙지해야 한다.

나의 방심은 단순히 개인의 교만 문제가 아니라, 주변에 포진한 '은밀한 적'을 불러 모으는 신호탄이 된다.

그런데 강자들이 가진 권력은 언제나 '눈에 보이지 않는 곳'에서 시작되고, 우리가 알아차리기 힘들게 설계되어 있다. 이를 《다크 심리학》의 관점에서 핵심을 압축하면, **권력은 절대 공정하지 않다. 착한 자를 보상하지 않고, 약자를 끌어올리지 않는다.** 오히려 남들이 꺼리는 자들이 권력 시스템과 맞물려 작동하는데, 대중은 이들을 '어두운 성향'이라고 치부하며 두려워한다. 물론 사회적 규범은 이들을 '악인'이라 낙인찍었지만, 역사는 반복되고 권력은 돌고 돌며 이를 증명해 왔다.

다소 복잡한 권력 시스템을 이해하는 가장 쉬운 방법은 스스로에게 다음과 같은 질문을 던지는 것이다.

'무엇을 칭찬하고, 무엇을 용서하는가?'

칭찬과 비난, 용서와 징계의 차이를 만드는 건 합리성도 도덕성도 아니다. 내가 속한 사회(회사나 조직 구조)가 무엇을 보상하고, 무엇을 처벌하는가다. 다시 말해 '보상 회로(Reward Circuit)'가 곧 권력 시스템의 민낯이다. 그래서 권력은 거대한 물리적 힘보다 일상 속 작은 습관 속에서 드러난다. 가령 회의실의 침묵, 사무실의 농담, 교실의 웃음소리 같은 사소한 것들이 누군가에겐 길을 열고, 누군가에겐 벽을 세운다. 즉 권력은 기록된 규칙이 아니라, 기록되지 않는 반응 속에서 작동한다. 그리고 그 '보이지 않는 보상(힘)'은 언제나 특정한 성향을 불러올 준비가 되어 있다. 여기서 다크 트라이어드가 등장한다. 이들은 남들보다 더 큰 권력을 갈구하며, 권력 시스템에서 다크 트라이어드 성향은 약점이 아닌 무기가 된다.

권력의 정점에는 언제나 다크 트라이어드 성향자들이 올라섰다. 그러므로 우리는 '누가 권력을 쥐고 있는가?'가 대신 '무엇이 권력을 만들어내는가?'를 따져봐야 한다. 왜냐, 인간은 권력을 소유하는 게 아니라, 그 권력이 흐르는 데 필요한 '매개체'로 기능하기 때문이다. 마치 흐르는 강물이 돌을 깎듯이 권력은 인간 각 개인의 성향을 깎아내고, 그중 살아남은 사람이 '강자'가 되는 구조다. 이렇듯 권력은 다양한 매개체를 통해 가시화되면서 '누군가에 의해 누구에게'로 작동한다.

그런데도 우리는 흔히 권력을 정부 기관이나 법 제도, 재벌 기업, 사회적 지위나 명예 같은 외형으로 착각한다. '진짜 권력'은 의미를 배분하는 힘이다. 요컨대 민주주의 사회에서는 국민의 선거를 통해 선출된 권력이 한정된 자원을 특정 기준에 따라 배분하는 힘을 얻는다. 쉽게 말해 사람이 아니라 '자리'가 먼저 생기고, 그 자리에 맞는 사람이 나중에 끌려오는 것이다.

'권력'은 공간과 시간을 분할하고 동원하는 과정에

서 나타난다.

크든 작든 인간이 속한 모든 조직에는 위계질서가 생기고, 그 속에서 '권력 시스템'이 작동된다.

권력 시스템의 세 가지 형태

어느 시대, 어떤 사회에나 '성공한 다크 트라이어드'가 존재한다. 한국 사회에서의 '성공'은 매우 분명한데 경제력, 사회적 지위, 관계 자본(인맥)에 따라 소위 '급을 매겨' 승자와 패자로 나눠버린다. 세 가지 다 권력과 불가분의 관계로, 권력 시스템에서 패자(약자)는 알아서 기는 존재로 전락해 버린다. 앞에서 설명한 다크 트라이어드와 권력 시스템의 상관관계를 요약 정리하면 다음과 같다.

마키아벨리스트는 '빈틈'을 살아 있는 기회로 본다.
이들은 규칙이 복잡할수록 더 영리해지고, 절차가 많아지면 더 깊게 숨어든다.

94

나르시시스트는 '시선'이 곧 자산임을 안다.

이들은 자신이 주목받을수록 강해지는 데, 특히 불안한 상황에서 설득력(영향력)을 얻고자 '연극'을 펼친다.

사이코패스는 '위기'의 순간에 무심하게 칼을 뽑는다.

대부분의 사람이 주저하는 상황에서도 이들은 망설이지 않는다. '냉혈한'이라고도 불리지만 때론 현명해 보인다.

이렇게 권력 시스템은 '빈틈을 아는 자, 조명(시선)을 차지하는 자, 공포(위기)를 다스리는 자'를 언제나 기다린다. 그런데 문제는 이 세 가지 형태가 이들의 단순한 성격이 아니라, 권력 시스템이 길러낸 생존 방식이라는 것이다.

권력은 '악인'을 만드는 것이 아니라, '악'이 잘 자랄 수 있는 토양을 보상한다.

전편 《다크 심리학》을 읽은 독자분이라면 이미 알고 있겠지만, 오늘날의 권력 시스템과 결부한 다크 트라이어드의 특징을 살펴보겠다.

먼저 목적 달성을 위해 수단과 방법을 가리지 않는 마키아벨리스트는 현실 정치(Realpolitik)에서 쉽게 찾을 수 있다. 예를 들어 한 정치가는 표면적으로 늘 약속을 지키는 것처럼 행동하지만, 사실 그의 '진짜 무대'는 협상 테이블이 아닌 '뒷방'이다. 그곳에서 특권 소수자들이 은밀하게 밀실 정치(Backroom Politics)를 펼치는 것이다. 밀실 담합의 결과로 작성된 '비공식 메모'는 국회 본회의에 상정된 안건 표결을 결정할 만큼 '권력의 무게'가 실려 있다. 이렇듯 마키아벨리스트는 '규칙 밖의 규칙'을 만들고, 권력 시스템은 이들의 교묘함에 보상한다.

<u>요컨대 '승자'는 법을 아는 자가 아닌 법이 작동하기 전의 '빈틈을 아는 자'다.</u>

자기중심적이고 우월감이 큰 나르시시스트는 상대방을 '나를 비추는 조명'처럼 대한다. 프롤로그에서 언급한 레나토 발랑자스카가 이에 속한다. 밀라노 갱단의 보스로 지하 세계의 권력을 쟁취한 그는 총보다 언론을 활용했다. 가령 발랑자스카는 은행을 털고도 신사처럼 인터뷰했는데, 기자들은 그의 범죄사실을 기사로 쓴 동시에 '반항의 아이콘'으로 포장했다. 언론에 의해 대중이 시선을 받은 발랑자스카는 더 대담한 행동을 벌이다가 결국 체포되었다. 그의 사례는 나르시시즘이 권력 시스템에서 어떻게 강화되는지 보여준다.

설령 범죄자라 해도 대중의 갈채를 받는, 즉 조명을 받는 범죄자는 '신화'가 된다.

겉으론 보통 사람과 다를 게 없어 보이지만, 공감 능력 부족이 부족한 사이코패스는 반사회적 인격장애자이다. 흔히 사이코패스 하면 연쇄살인마를 떠올리지만, 반사회적 성향자 중 일부가 범죄를 저지를 뿐이다. 오히려 사이코패스들은 위기 상황에서 진가를 발휘한다. 가령 2008년 9월 세계 금융시장을 뒤흔든 리먼 브라더스(Lehman Brothers) 사태 때, 이들은 파산 직후 자산을 인수하는 등 빠르고 공격적인 투자를 감행해 큰 이익을 거두었다.

위기 상황에서는 때론 가장 무모한(무감각한) 자가 '결단력 있는 리더'로 평가받는다.

'빈틈'을 메우지 않으면, 마키아벨리스트가 교묘히

따라서 약자가 해야 할 일은 명확하다. 다크 트라이어드의 패턴을 분석하고, 힘을 발휘하는 순간에 역으로 이용해야 한다. 핵심은 그들의 규칙과 기준을 스스로에게도 적용하도록 유도하는 것이다. 이는 마치 씨름이나 유도 기술과 같은 원리다. 가령 씨름은 상대방의 힘이 과하게 들어가는 순간, 균형을 무너뜨려 넘어뜨리는데, 이런 기술로 나보다 힘이 센 거구(巨軀)도 이길 수 있다.

우리가 다크 트라이어드의 패턴을 파악하면, 그들의 전략을 예측해 효과적으로 대응하거나 반격할 기회가 생긴다. 이때 주의할 것은 그들이 의도적으로 패턴을 숨기거나 다변화할 수 있으니, 단순히 패턴만이 아닌 그들의 지능, 성격, 심리 등 여러 요소를 복합적으로 판단하고 결정해야 한다.

마키아벨리스트는 매우 교묘하기에 방어하려 들면 더 얽힌다. 그러니 자신의 패턴을 드러내게끔 유도하면, 스스로 자신이 쳐놓은 그물(관계, 태도, 습관, 욕망 등)에 걸린다.

나르시시스트의 쇼맨십(Showmanship)은 무대가 있어야 빛난다. 따라서 스포트라이트(Spotlight)를 옮겨버리면, 그들은 관객을 잃고 허공을 향해 떠든다.

사이코패스의 결단력은 순간성[1]에 의존해 발휘된다. 의도적으로 시간을 지연시키고, 여러 단계의 확인 절차를 만들면, 그들의 결정권이 약해진다.

힘은 언제나 '상대적'이며, 예외는 없다.

**우리가 다크 트라이어드를 두려워하는 이유는
그들의 본성보다 그들의 패턴을 모르기 때문이다.
하지만 다크 트라이어드의 패턴을 감지하는 순간,
그들의 무기는 곧 '약점'으로 변한다.**

---

[1] 어떤 현상이나 상태가 아주 짧은 시간에 나타나고 끝나는 성질이다.

통제욕과 성취욕의 상관관계

이번 장부터는 다크 트라이어드 인물 사례를 소개하겠다. 다만 현실의 실제 인물이 아닌 드라마 속 캐릭터를 소개하는 이유는, 다크 트라이어드 성향을 장착한 각 캐릭터의 특정 행위와 심리 묘사를 입체감 있게 전달하기 위해서다. 물론 현실의 구조(권력)와 문제들(자본, 폭력 등)을 소재로 삼았기에 이론상 아무 문제가 없다. 오히려 드라마적 긴장과 상징화된 캐릭터들이 전해주는 강화된 메시지는 다크 드라이어드에 대한 공감도와 경각심을 높여주리라 믿는다.

중요한 것은, 다크 트라이어드의 전략에 휘말리지 않고, '나답게' 건강한 인간관계를 유지하는 힘을 키우는 것이다.

고스트, 제임스 세인트 패트릭의 사례

미국의 범죄 드라마 〈파워(Power) 시리즈〉는 부자와 권력자를 상대로 거대 마약 시장을 운영하는 한 남자가 두 가지 삶을 살면서 벌어지는 이야기를 다룬 작품이다. 남자의 이름은 제임스 세인트 패트릭(James St. Patrick), 일명 '고스트(Ghost)'라 불린다. 뉴욕에서 유명한 나이트클럽 오너(Owner)와 손꼽히는 마약 딜러라는 두 얼굴을 가진 그는 누구보다도 똑똑하고 냉철하며, 뛰어난 사업 수완으로 음지 시장과 합법적인 사업 모두 성공한다. 그런데 드라마 속 '고스트'는 무척 매력적인 인물이지만, 화려한 겉모습과 달리 내면에는 성공에 대한 강박 심리와 통제의 중독이 숨어있다.

제임스 세인트 패트릭이 '고스트'가 된 건 어쩌면 운명에 가까웠다. 어린 시절부터 가난하고 불우한 환경에서 자란 제임스는 돈을 벌기 위해 마약을 팔기 시작한다. 그는 베테랑 딜러인 케이넌(Kanan)과 브리즈(Breeze)에게 냉혹한 '길거리의 규칙'을 배웠고, 세상을 대하는 태도와 살아가는 방식 등 자신만의 무기를 만들었다. 제임스는 경찰에게 잡히지 않고 유령처럼 사라지는 능력 덕분에 '고스트'라는 별명을 얻는다.

하지만 그는 이내 **<u>길거리 밑바닥은 내 자리가 아니다</u>**라는 자각과 함께 뉴욕 최고의 마약상이 되기로 결심한다. 그 첫 단계로 자신을 성장시킨 멘토(Mentor)와 같았던 브리즈를 제거하고, 나중엔 케이넌마저 함정에 빠뜨려 감옥에 보낸다. 이렇게 제임스는 거리의 세력을 장악해 '어둠의 권력'을 얻은 동시에 합법적인 사업가로서 나이트클럽 'TRUTH'를 만들어 큰 성공을 이룬다.

그때 제임스는 성공의 첫 번째 요건을 깨닫게 된다.

'정상에 오를 때 방해되는 사람은 누구든 제거해야 한다.'

이후 제임스는 자신의 욕망을 이루기 위해서라면 누구의 희생도 개의치 않는다. 즉 몸은 하나지만, 성공한 사업가 '제임스'와 냉혹한 살인마 '고스트' 두 개의 영혼이 각자 다르게 살아가게 된다. 고스트의 능력 중 가장 위험한 것은 **<u>감정을 전략적으로 활용하는 능력</u>**으로, 상대방의 감정을 인식해 조정·활용하는 과정을 체계화하고, 자신에게 어떤 이익이 될지를 계산했다. 그의 행위 중 가장 두드러진 건 살인이었는데, 적어도 18명을 직접 죽였다(물론 그중 일부는 '합당한 복수'로 보여진다.). 그에게 살인은 '비즈니스'일 뿐, 산술적(算術的) 계산에 따른 리스크(Risk) 요인 제거에 불과했다.

고스트의 사고방식은 단순했는데, 크게 보면 두 가지로 나뉜다.

첫째, 감정을 배제하면 통제가 완벽해진다.

제임스는 어린 시절부터 감정을 약점으로 생각했다. 약육강식의 길거리 세계에서 살아남으려면 공감보다 계산이 빨라야 했기에 '감정은 사치'라고 여겼다. 그는 스스로 감정을 제거해 '도덕적 불편함'을 없앴는데, 이는 통제를 위해 감정이 아닌 '계산'을 선택한 것이다. 그에게 이성(Reason)은 방패였고, 냉정함은 '통제의 증거'였다. 그렇게 제임스가 감정을 버린 그 순간부터 인간성을 잃고 고스트가 되기 시작했다. 그는 배신 가능성이 있는 동료를 없애고, 누구든 자신에게 위협이 되면 제거했다. 그의 판단에는 그게 합리적이었다. 처음엔 자신의 성공과 안전을 위해 모든 걸 통제하려는 심산(心算)이었으나 그게 도리어 자신의 모든 것을 잃게 하는 장치라는 사실을 그때는 몰랐다. 제임스, 즉 고스트는 자신도 모르게 만든 '감옥'에 스스로 들어가 갇혀버린 셈이다.

둘째, '나를 우선'하는 것이 최상의 결과로 이어진다.

고스트는 철저히 '자기중심'으로 세상을 재편했다. 상대방의 욕망을 읽고, 그 욕망이 자신을 향하게 조종하는 능력이 뛰어났던 그는 타인의 신뢰를 이용해 목적을 달성하고, 가족을 위한다는 말뿐인 명분(名分)으로 폭력을 일삼

앗다. 그에게 거짓과 변명은 죄가 아닌 '도구'였으며, 자신을 정당화하는 심리는 자기 스스로 '시스템'에 귀속시켰다. 원래 타인을 통제하기 위해 만든 규칙이 이제는 자신을 움직이고 있었다. '나는 옳다'란 잘못된 확신과 왜곡된 믿음이 곧 자기 파멸의 시작이었다는 것을 그는 꿈에도 몰랐다. 고스트는 자신이 세상을 조종한다고 믿었지만, 사실 조종당한 것이다.

조종의 기술, 파멸적 귀결

<u>고스트의 사고방식에서 드러났듯이 그는 전형적인 마키아벨리안이다.</u> 물론 나르시시즘도 있지만, 상대적으로 마키아벨리즘이 더 강하다. 자기 목적 달성을 위해 상대방에게 전략적이고 계산적으로 접근하는 마키아벨리안은 깊은 감정적 연결보다는 '표면적인 관계'를 맺는다. 그래야만 자신이 원하는 방향으로 상대방을 끌고 갈 수 있어서다. 게다가 한번 '이끌린 자'는 이 관계에서 빠져나오기 힘들다. 왜냐, 나르시시스트가 과거에 보여준 매력과 좋은

모습에 대한 미련 때문이다. 물론 두 성향의 차이는 있다. **마키아벨리안은 자기 목적 달성을 위해, 나르시시스트는 자신의 우월성을 확인받기 위해 상대방을 조종한다.**

그러나 이러한 차이는 동기와 행동 방식에서 나타날 뿐, 다크 트라이어드 성향자로서 '자기중심적'이며 '조작적 행동'으로 상대방을 조종해 큰 상처를 남긴다는 공통점이 있다. 아무 거리낌 없이 도덕적 규범을 어기고, 거짓말과 배신, 속임수도 밥 먹듯이 사용한다. **게다가 '권력 지향성'이 매우 강해 주변 사람들을 밟고 올라서라도 권력(지위)을 얻고자 끊임없이 노력한다.**

하지만 '권력의 본질'은 결코 손에 쥘 수 없기에 스스로 권력을 쥐었다고 느낀 순간부터 이미 '권력의 노예'가 된다. 다시 고스트의 사례를 떠올리자. 전형적 마키아벨리안인 고스트는 '권력'을 신처럼 떠받들고, '통제'를 교리처럼 사용하며 정당화했다. 그러나 정작 그가 통제한 것은 타인(세상)이 아니라, 점점 좁아지는 자기 내면이었다.

권력을 손에 넣어 신왕(神王)처럼 군림하려 했던 고스트는 결국 자신이 만든 질서에 삼켜진다. 감정을 통제하면 '완벽한 자유'를 얻을 거라 믿었지만, 그가 도달한 곳엔 아무엇도 없었다. 그저 '감정 없는 껍데기'로 전락한 그는 더이상 세상을 움직이는 존재도 아니었고, 그의 욕망과 확신이 그를 대신 움직였다.

**권력은 인간을 신(神)처럼 만들어주지 않는다.
얼마나 쉽게 '자기 확신'의 감옥에 갇히는지 증명할 뿐이다.**

또한 고스트는 자신이 지은 죄에 대해 '아무 죗값이 없다'라고 믿었다. 그 믿음은 오만함이었고, 그 모든 죄가 가족과 자신에게 돌아오기 시작했다. 사랑하는 딸 레이나를 잃은 후 분노와 복수, 살인과 배신의 소용돌이 한가운데에 빠진 고스트는 자신의 유일한 희망 안젤라까지 죽임당하자 완전히 붕괴되었다. 새로운(합법적인) 삶을 살기엔 너무 늦었다는 걸 그 자신도 알았을까? 그는 자신을 향한 증오와 분노에 가득 찬 아들 타릭의 총에 맞아 죽음을 맞이한다. 이것이 조종의 기술로 권력을 얻으려 한 인간의 마지막 모습이다.

제임스 세인트 패트릭, 아니 고스트의 사례는 성공과 실패, 사랑과 배신 등 감정이 극단으로 치닫는 경험을 한 사람이 세상을 통제하려 했지만 어떻게 파멸되는가를 보여준다. 그는 두 가지 삶을 오가며 감정을 잃어갔다. 가족을 사랑했으나 배신했고, 타인에게 지은 미소 속에는 살인 계획을 감추었다. 물론 통제력 없는 비합리적 결정이나, 자존감을 지키기 위한 '자기기만'도 스스로를 파멸로 몰아간다.

**중요한 건, 잘못된 판단과 선택을 할 때
그 원인과 이유를 제대로 파악하는 것이다.**

완벽주의, 성공한 실패자의 욕망

완벽주의의 이면성

우리는 흔히 '불확실성의 시대'를 살고 있다고 말한다. 복잡한 현실, 예측이 어려운 미래는 왠지 모를 공포심을 유발하고, 불확실한 환경에서의 지속적인 경쟁(비교)은 불안감을 증폭시킨다. 물론 '잘하고 싶은 욕구'는 성장의 동력이기도 하기에 최고의 결과(평가)를 얻어 자신의 능력이나 가치를 증명할 수도 있다. **다만 우려되는 건 잘하고 싶은 욕구가 자칫 '끝없는 욕망'으로 변해 불가능한 것들을 원하게 되면 '삶의 틈'이 생기고, 그 틈을 눈치챈 다크 트라**

이어드는 여지없이 비집고 들어온다.**

반대로 계속 노력해 봐도 내가 한 행위의 결과가 좋지 않으면, 차츰 '잃는 것'에 대해 무감각해진다. 심지어 자신의 정체성마저 잃게 되는데, 가령 인간관계에서 '외부의 기대(타인이 원하는 것)'와 '내면의 욕구(자신이 원하는 것)'가 부딪힐 때, 또는 타인과의 '상대적 비교'에 의해 자신의 가치를 인정받지 못할 때는 지금의 내가 아닌 '또 다른 나'를 꿈꾼다. **문제는 타인보다 '더 잘하고 싶다'라는 욕심(인정 욕구), '내 마음대로' 상대방을 통제하고 싶다는 욕망(통제 욕구)이 사회 전체로 퍼져나간다는 것이다.** ('인정 욕구'와 '통제 욕구'는 다른 욕구이지만, 불안이 커지면 서로 전이되거나 함께 증폭될 수 있다.) 게다가 사회는 끊임없이 우리에게 '완벽함'을 요구하고, "완벽한 사람이 성공할 수 있다"라는 무의식적 압박을 행사한다.

이러한 시대상을 반영하듯 언젠가부터 '성공한 사이코패스'가 드라마나 영화의 주인공으로 등장하기 시작했다. 자기 일을 수행할 때 강한 추진력과 냉정한 판단으로 임무를 완수하는 그들의 모습은 효율성과 속도가 중요한 현대 사회에 걸맞은 사람이다. 즉 불확실성의 시대, 타인과의 소통(관계성)을 인식하지 못한 채 오롯이 '나만을 위한 삶(고립된 자아)'에 열중하는 주인공의 모습은, 어쩌면 내가 살아남기 위해 바라던 '완벽한 나'를 반영한 것인지도 모른다.

하지만 우리는 지나친 완벽주의에 빠지지 않도록 주의해야 한다. 까딱 잘못하면 '완벽함의 덫'에 빠져 스스로를 파괴할 수 있으며, 관계에서도 겉으로 '완벽해 보이는 사람'이 실제로는 나르시시즘이 강해 나를 통제하거나, 엄격한 기준의 완벽함으로 관계성을 저해(沮害)하는 사이코패스가 나를 몰아붙일 수 있기 때문이다. 이렇듯 가혹한 완벽주의자는 스스로나 주변 관계에 부정적 영향을 끼친다.

런던정치경제대학교 심리학과 교수인 토머스 커런(Thomas Curran)은 완벽주의에 대해 다음과 같이 말했다.

"자기 지향(Self-oriented) 완벽주의자는 성공하고 싶은 욕구와 실패할 수 있다는 두려움 사이에서 불안해한다. 반면 타인 지향(Other-oriented) 완벽주의자는 보복성(복수심), 존경 욕구(명예 욕구), 타인을 향한 적대심과 낮은 이타성(Altruism)과 연관되어 있다."

우리 주변의 '완벽한 인간'의 모습은 종종 '취약한 인간'의 모습보다 더 위험할 때가 있다. 따라서 완벽함의 기준을 절대적으로 굳히지 않고 조절하는 능력이 필요하다.

'완벽주의'는 원하는 것을 이루려는 성실한 노력이 아니라,

'완벽함'을 통해 세상을 통제하고 싶은 욕망이 될 수도 있다.

구스타보 프링의 사례

인간은 어느 면에서나 완벽할 수 없으며, 오직 신(神)만이 완벽하다고 말한다. 그런데 완벽함을 통해 스스로 신이 되려 했던 자가 있다. 바로 구스타보 프링(Gustavo Fring)이다. 미국의 범죄 시리즈물 〈브레이킹 배드(Breaking Bad)〉의 주요 인물인 구스타보 프링은 성공한 사업가로서 지역 사회 발전과 복지에 기여하는 따뜻한 사람이다. 늘 단정한 복장과 공손한 미소, 침착한 품성까지 갖춘 그는 지역 사회의 자랑이자 '모범 시민'으로 칭송받았다. 그러나 프링의 완벽함은 모두 위장(僞裝)으로, 실체는 미국과 멕시코를 넘나들며 마약을 유통하는 마약계의 거물이었고, 그가 벌이는 사업들도 마약 유통을 감추는 위장막에 불과했다.

구스는 〈브레이킹 배드〉에 등장하는 잔악무도한 여러 인물 중 가장 압도적인 능력을 지녔는데, 그 능력의 원천은 '완벽주의적 성향'에서 나오는 냉철함과 실행력이다. 그는 살인을 계획하되 직접 손을 더럽히지 않았으며, 언제나 논리적인 방식과 '예의 바른' 형태로 악행을 저질렀다. 두 개의 얼굴을 가진 구스의 따뜻한 웃음 속엔 차가운 복수가 숨어 있었다. 구스의 복수 동기는 동료이자 연인인 맥스의 죽음이다. 두 사람이 처음 마약 사업을 시작했을 당시 마약 사업을 주도하던 후아레스 카르텔(Cartel)의 보스 엘라디오를 찾아갔는데, 그 자리에서 맥스가 살해당한 것이다.

그런데 구스는 대항하지 않았다. 오히려 후아레스 카르텔의 조직원이 되어 면종복배(面從腹背)하며 오랜 세월을 보냈다.

<u>'너를 죽이진 않겠다. 대신 네가 만든 제국을 내 손으로 썩게 만들 것이다.'</u>

이러한 다짐으로 구스는 감정을 없애기로 결심했다. 왜냐, 감정은 빈틈을 만들고, 거기서 배신과 실수가 생긴다고 믿어서다. 맥스의 복수를 할 때까지 그는 슬픔을 절제하고, 공포를 제거하며, 죄책감을 지워냈다. 그렇게 그의 영혼에서 '인간'은 사라지고, '계획'만 남았다.

'복수심'은 원하는 결과를 얻기 위해 강한 동기를 유발하지만,

때론 '파괴의 원동력'이 되어 스스로 자멸(自滅)할 위험이 있다.

구스가 후아레스 카르텔의 일개 조직원에서 강력한 인물이 된 데에는 냉정한 이성, 체계적이고 계산적인 행동이 따랐기에 가능했다. 그는 다음과 같은 행동 강령으로 지하 세계를 장악했다.

(1) 완벽주의 : 무질서와 혼란 통제

무질서를 극복하려면 '통제 대상'과 '수용 대상'을 구분해야 한다. 그런데 구스는 오직 '통제하는 자'와 '통제당하는 자' 둘로 구분해 혼란 요소를 없앴다. 그에게 무질서는 '약자'의 증거였고, 혼란은 곧 죽음이었다. 그가 추구한 완벽주의 역시 성격이 아닌 생존 방식이었는데, 그는 일상에서 보폭 간격, 문 여는 타이밍 등 모든 것을 오차 없이 계산했다. 심지어 언어, 호흡, 미소까지도 '질서의 의식'에 포함했다. 구스에게 '통제'는 마치 신앙과 같았는데 효율을 숭배하고, 규율을 경배했다.

"완벽한 통제란, 절대로 실수가 일어나지 않게 만드는 것이다."

구스가 한 말이다. 그 말처럼 실수를 없애려고 인간을 제거한 그는 스스로 '신'이 되었다. 아무 감정 없이 오직 계산으로 움직이는 신 말이다.

(2) 조종의 기술 : 절제와 강박 사이

구스는 상대방을 지배(통제)할 때 폭력을 행사하지 않았다. 언제나 협박 대신 '예의'를, 공포 대신 '침묵'을 사용했다. 구스의 '고요함'에 사람들은 안심했고, 그 '안심' 속에서 그들을 지배했다. 사실 구스가 예의와 침묵으로 타인을 대하는 건 '프로그램된 반응'으로, 단지 '공감하는 척' 한 것이다. 그건 감정이 아닌 '조종의 기술'이었다. 또한 그는 '인간은 통제를 벗어날수록 더 잔혹해진다'라고 믿었기에 모든 관계를 '기계적 기능'으로 바꿨다. 가령 부하는 도구, 동맹은 시스템, 인간은 자산(資産)으로 인식했다.

"나는 세상을 통제하는 것이 아니라, 교정(矯正)하고 있다."

이 말은 그를 지탱해 준 확고한 신념이자, 스스로를 파괴한 착각이었다.

(3) 도덕성의 삭제 : 완벽함의 대가

구스에게 '도덕성'은 불필요한 감정의 부산물에 불과했다. 그래서 '옳고 그름'을 분별하는 것도, 선악(善惡)을 판단하는 것도 그 기준을 '비용(Cost)의 문제'로 삼았다. 심지어 살인조차 죄가 아닌 '결함 수정'이라 여겼는데, 마치 시스템을 정비할 때 잘못된 부품을 교체하듯 인간을 제거했다. 감정이 없는 그였기에 분노나 쾌감도 없었고, 오직 '정확함'만 존재했다.

<u>**"나는 질서 유지를 위해 필요한 일을 하는 것이다."**</u>

스스로 면죄부를 부여한 구스에게 복수는 감정의 해소가 아니라 '질서의 복귀'였다. 또한 그는 인간의 고통을 통해 죽음보다 더 큰 통제는 '삶의 구속'이라는 걸 깨닫고, 인간의 생명이 아닌 '존재감'을 통제하였다. 가령 자신에게 대항한 살라만카를 죽이지 않고 살려두되 '인간으로서의 의미'를 지웠다. 그 순간에도 구스는 '세상을 고치고 있다'라고 믿었다. 그러나 그가 고친 건 세상이 아닌 자신의 '죄책감'이었다. 그렇게 그의 도덕성은 삭제되었고, 그 대가로 '완벽함'을 얻게 되었다.

균열의 시작, 질서의 반격

모든 시스템은 자신을 복제하다가 스스로 무너진다. 구스의 세상도 마찬가지였다. 그의 질서는 너무 완벽했기에 오차는 없었지만 대신 '균열'이 생겨났다. 그 균열은 '감정의 잔재'에서 시작됐다. 하루는 주방에서 한 직원이 접시를 떨어뜨렸다. 그런데 구스는 부드럽게 "괜찮네. 다시 배

우면 되지”라고 말했다. 하지만 그 직원은 다음 날 사라
졌다. 그날 밤, 그는 처음으로 잠을 이루지 못했다. 사실
구스는 자신이 죽인 자들의 이름을 잊지 못했다. 그는 깨
달았다.

<u>“내가 통제한 것은 세상이 아니라, ‘두려움의 구조’였다.”</u>

구스는 자신이 만든 완벽한 질서임에도 자유롭지 못
했다. 오히려 그 ‘완벽함’이 쉴 새 없이 그를 감시했고, 결
국 자신이 만든 규칙의 포로가 되었다. 나를 보호하리라
믿었던 ‘질서’가 이제 자신을 심판하게 된 것이다. **<u>그가 추
구한 ‘완벽함’은 인간의 한계를 초월하려는 시도였으나 실
체(自性)로서의 ‘인간 부재 선언’과 같았다.</u>**

참고로 구스의 성향을 사이코패스 체크리스트(PCL-R)
로 검사하면 40점 만점에 29점으로, ‘임상적 사이코패스’
는 아니지만, 극단적 냉정함과 계산된 조종성을 지닌 ‘고
기능 사이코패스’였다. (30점 이상은 임상적 사이코패스로, 20
점 이하는 일반인으로 분류하며, 25점 전후는 완전한 사이코패스가
아니다.) 구스는 감정을 느끼는 대신 감정을 연기하는 법을
배웠고, 양심이 아닌 효율과 결과로 모든 것을 판단했다.
또한 타인을 조종했지만, 결국 자신의 감정마저 조종의 대

상으로 만들었다.

구스타보 프링은 인간이 도달할 수 있는 '통제의 극점', 즉 인간의 어두운 진화를 상징한다. 통제를 위해 인간성마저 포기한 그의 삶은 완벽하게 작동했으나, 그의 차가워진 내면은 공허함을 느낄 뿐이었다. 그리고 죽음을 앞둔 시점에서 그의 마지막 미소는 이렇게 말하는 듯했다.

"혼돈을 두려워한 자는 '정교한 지옥'을 만들어내고, 완벽을 추구한 자는 결국 자신마저 완벽히 파괴한다."

욕망과 성취, 결핍의 양면성

성취의 출발점, 욕망

인생은 '불안과 욕망의 게임'이란 말이 있다. 이 말처럼 인간은 '세상'이란 게임장에서 자신이 원하는 결과물(권력, 돈, 명예 등)을 얻기 위해 부단히 노력한다. 사실 게임과 인생은 비슷한 점이 많다. 먼저 인생도 게임처럼 정해진 '규칙'이 있으며, 모든 사람은 그 규칙에 맞춰 살아가야 한다. 또 게임의 승패처럼 인생도 승자와 패자로 나뉘고, 승자가 권력과 부를 손에 넣는다. 물론 패자는 유무형의 대가(돈, 시간, 노력 등)를 지불해야 한다.

아마 대부분의 사람이 '인생은 게임과 같다'란 의미를 이해할 것이다. 그만큼 우리의 삶은 치열하며 누구나 '승자'가 되기를 간절히 바란다. 넷플릭스의 한국 드라마 〈오징어 게임〉이 전 세계적인 돌풍을 일으킨 것도 같은 맥락이다. 456억 원 상금을 차지하기 위해 목숨을 걸고 '생존 게임'에 참가한 이들의 모습은, 마치 인생이라는 게임에서 '끝까지 살아남겠다'라는 우리의 모습과 같다.

인생과 게임 둘 다 '상대방이 져야만 내가 이기는 것'으로, 본질적으로 불안과 욕망이란 감정이 깔려 있다. **사실 불안과 욕망은 서로를 강화하는 관계로 설명된다. 즉 '질 수 있다'란 불안이 '이기고 싶은' 욕망을 만들고, 반대로 욕망이 불안을 부채질한다.** 다른 한편 현대 사회에서 불안은 '성취의 원동력'으로 여겨지기에 대부분 자신의 불안을 감추고, 스스로를 채찍질한다. 흔히 말하는 "너만 불안한 게 아니야"란 위로 속에 각자의 불안이 숨어 있는 것이다.

또한 심리학적으로 불안은 위험에 대비하도록 우리를 경계 상태로 만드는 적응적 감정으로, 인간이 살아남기 위해 만들어낸 '감정 시스템'이다. 이를 간단히 도식화하면 다음과 같다.

불안 → 결핍 인식 → 욕망(욕구) → 행동 → 결과(부정적·긍정적)

이처럼 불안이 없다면 결핍을 느끼지 못하고, 결핍을 느끼지 못하면 욕망 자체가 생기지 않는다. 즉 불안이 사라지면 '성취 욕망'도 줄어든다. 따라서 우리에게 필요한 건 단순히 불안을 제거하는 것이 아닌 그 불안을 해석하고 전환하는 능력이다.

**성공은 불안을 '통제'해서 얻는 것이 아니라,
그 불안을 제대로 활용한 결과로 나타난다.**

세계적인 베스트셀러 작가 베르나르 베르베르(Bernard Werber)는 불안과 욕망에 대해 다음과 같이 말했다.

"인생은 하나의 불안을 다른 불안으로 대체하고, 하나의 욕망을 다른 욕망으로 대체하는 과정이다."

이 말은 불안이 사라지면 다른 불안이 찾아오고, 욕망도 채워지면 또 다른 욕망이 생기는 인간의 심리를 표현한 것이다. 따라서 불안이 완전한 평안으로 이어지지 않는다는 점을 인지하고, 그 속에서 살아가자는 관점으로 해석할 수 있다.

프랭클린 세인트 이야기

앞에서 언급한 것처럼 '불안'은 욕망을 유발하고, 욕망은 성취의 조건이 되기도 한다. 그리고 불안과 욕망 사이에 '결핍'이 존재한다. 결핍은 '있어야 할 것이 없거나, 다 써서 없어짐'을 의미한다. 내가 결핍을 어떻게 활용하는가에 따라 실패의 원인이 되거나, 성공의 원동력이 된다.

여기 결핍에 좌절하지 않고, 삶의 원동력으로 삼아 권력까지 차지한 인간이 있다. 바로 미국 드라마 〈스노우폴(Snowfall)〉의 주인공 프랭클린 세인트이다. 〈스노우폴〉은 1980년대 미국 로스앤젤레스에 코카인이 퍼지기 시작한 실제 사건을 극화한 것으로, 마약 제국을 건설하는 프랭클린 세인트의 이야기가 담겨 있다. 1983년 로스앤젤레스, 열아홉 살의 흑인 청년 프랭클린은 명문고를 졸업할 만큼 천재적인 두뇌와 야망이 있었지만, 당시 미국은 인종 차별의 잔재가 여전히 남아 있어 흑인 젊은 남성에게 기회는 쉽게 오지 않았다.

프랭클린은 스스로 '위대한 인물이 될 운명'이라 믿었으나 그 믿음은 곧 '결핍'이 되었고, 결핍은 곧 '욕망'으로 변했다. 그는 식료품점에서 일하며 삼촌 제롬의 대마초를 대신 팔았다. 하지만 더 큰 무언가를 원했고, 우연히 친구 롭을 통해 코카인 공급자를 만나게 되었다.

**"이 게임은 우리 같은 사람을 위한 게 아니야.
그러니까 난 '규칙'을 새롭게 쓸 거야."**

'인생(게임)의 본질'을 파악한 프랭클린은 본능적으로 기회를 포착해 마약 중간 유통책이 됐다. 이때부터 그는 이미 '도덕적 기준'을 넘고 있었다. 그에게 중요한 건 옳고 그름이 아닌 '가능성'이었다. 평소 동네 아이들이 바르게 자라길 바랄 만큼 올곧았던 그였으나 동네 사람들에게 코카인을 팔기 시작했고, 결국 실패한다. 가난한 그들에게 순수 코카인은 너무 비쌌기 때문이다. 이에 프랭클린은 포기하지 않았고, '크랙(Crack) 코카인' 제조법을 배웠다. 크

랙은 '빈민의 마약'이라 불릴 정도로 값싸고 적은 양으로도 판매할 수 있어 가난한 사람들도 쉽게 구할 수 있었다.

이처럼 프랭클린은 미국 전역을 마약으로 물들일 씨앗을 심으며 '마약 제국 건설'을 결심한다. 그는 점점 '도덕의 언어'를 '전략의 언어'로 대체했다. 공감 능력은 완전히 마비되었고, 살인은 경영의 일부가 되었다. 즉 자신의 이익을 위해선 누구든 희생시킬 수 있고, 그 희생이 곧 '질서'라고 생각했다. 사실 프랭클린 세인트는 마키아벨리안의 '냉정함', 나르시시스트의 '자기 확신', 사이코패스의 '무감정'을 동시에 가진 인물이다. 그러면서 '고스트'처럼 감정을 지배하지 않았고, '구스 프링'처럼 질서를 신격화하지도 않았다.

여기서 프랭클린이 만든 규칙들을 소개하면 다음과 같다.

(1) 욕망의 제도화 : 통제의 사회적 진화

어려서부터 결핍을 겪어온 프랭클린이 진정으로 원한 건 부나 명예보다 '자기 존재의 증명'이었다. 그에게 돈은 '운명'을 다시 쓰는 언어와 같았고, 냉정함은 세상이 그에게 가르친 '방어기제'의 다른 이름이었다. **그래서 관계를 쌓는 대신 구조를 설계했고, 감정을 드러내는 대신 정보를 통제했다.**

(2) 구조의 숭배 : 합법을 가장한 조종

거래 상대였던 CIA 요원 테디를 통해 국가적 규모의 조작(국가를 위한 일은 옳다)을 알게 된 프랭클린은 불법적 구조에서 '합법'처럼 보이는 방법을 배웠다.

'정당성'이 확보되면, 죄는 무한 복제된다.

이 사실을 깨달은 그는 마약을 팔면서 '시스템'을 논했고, 피해를 낳으면서도 '경제'를 운운했다. 그렇게 자신의 범죄를 폭력이 아닌 통제된 시장의 흐름으로 포장하면서 자신이 세상을 움직인다고 여겼지만, 사실 그를 움직인 건 '합법'을 가장한 '통제 욕구'였다.

(3) 제도의 함정 : 면죄의 시스템

프랭클린은 자신을 악인이 아닌 '필요한 일을 하는 사

람'이라 믿었다. 그런 믿음으로 통제 시스템을 만들어 책임을 점검하고, 결과를 확인하며 관리했다. 감정 없는 효율, 죄책감 없는 합리처럼 말이다. 그런데 시스템을 관리할수록 고립되었고, 그의 주변엔 사람 대신 기능만 남았다. 그가 가장 두려워한 건 실패보다 '무력감'이었다. 그는 세상을 통제한다고 믿었지만, 그저 '통제의 회로' 속에서 반복 실행되는 존재로 전락했다.

**통제는 모든 것을 지탱했지만,
'감옥의 구조'를 만들어낸다.**

시간이 흘러 프랭클린은 '마약 제국'의 주인으로서 부와 권력을 움켜쥐었고, 합법적으로 성공한 기업가가 되었다. 그러나 탁월한 성과를 거둔 겉모습과 달리 내면은 '고기능 불안(High-Functioning Anxiety)'에 시달렸다. 이런 불안은 지속가능한 삶과 조직의 질서를 잠식할 위험이 있다. 프랭클린은 불안과 강박 속에서 더 많은 사람을 죽였고, 조직의 균열을 피로 메웠다. 그러면서 스스로는 여전히 '이성적'이라 믿었다. 결국 그는 통제로 세상을 다스리려 했지만, 자신이 만든 '통제의 법칙'에 잠식당한 것이다. **즉 인간이 통제를 이용해 세상을 바꾸는 게 아니라, 통제가 인간을 통해 자신을 복제한다는 걸 증명했다.**

끝으로 지금까지 설명한 고스트, 구스, 프랭클린은 다크 트라이어드의 세 가지 얼굴이다. **고스트는 통제의 '심리적 기원'을, 프링은 통제의 '철학적 완성'을, 프랭클린은 통제의 '사회적 붕괴'를 상징한다.** 이들은 권력을 잡아 스스로 '신'처럼 군림하고 싶었지만, 권력은 본래 중립적이기에 그 권력을 쥔 사람이 어떻게 사용(통제)하느냐에 따라 결과가 달라진다. 즉 인간의 내면이 어두워지면 권력은 인간의 욕망을 증폭시키는 거울이 된다. 결국 세 인물은 각각 다른 이유와 자신이 구사했던 그 방식으로 인해 자멸을 맞이한다.

**통제는 언제나 인간을 '신'으로 만들지만,
그 신은 인간의 얼굴을 하고 있지 않다.**

권력과 도덕성, 무엇이 중요한가

우리는 간혹 미디어 매체가 소개하는 인물들, 이를테면 정치가, 재벌 총수, 연예인, 하다못해 자신이 소속된 조직의 리더를 볼 때마다 생각한다.

'도대체 저 사람이 어떻게 저 자리에 올랐지?'

모든 권력자가 다 그런 것은 아니겠지만, 무능해 보이는 사람이 권위의 자리에 오르고, 더 유능한 사람들은 그림자 속에 갇히는 모습도 보인다. 이 질문에 대한 답은 이미 500년 전에 있었다.

때로는 '너무 똑똑한 것'이야말로

권력을 얻지 못하게 만드는 이유가 된다.

바로 니콜로 마키아벨리가 한 말이다. 그는 자신의 저서 《군주론》을 통해 권력은 왜 '어리석음'과 손잡는지를 설명하였다. 500년 전 마키아벨리의 통찰은 오늘날에도 적용되는 것으로, 지금 우리가 겪고 있는 '심리적 현상'이기도 하다. 이번 장에서는 마키아벨리의 사상을 비롯해 이와 관련된 철학, 심리학 이야기를 전하겠다. 이를 통해 현대 사회 속에서 작동하는 '조종의 힘'을 인식하거나, 당신의 영향력을 키우는 데 있어 도움 될 것이다.

마키아벨리와 권력의 본질

16세기 피렌체, 정치적 삶에서 추방된 마키아벨리는 훗날 역사상 가장 논란을 불러일으킨 《군주론》을 집필한다. 이 책에서 그는 "이상적인 세계에서 군주가 어떻게 행동해야 하는지"가 아니라, "실제 세계에서 권력이 어떻게 작동하는지"를 밝혔다.

"모든 사람은 당신이 '어떻게 보이는지'를 바라본다.

오직 극소수만이 당신이 '실제로 어떤지'를 경험한다."

이 말에는 마키아벨리의 핵심 사상이 담겨 있다. 즉 권력에 있어 현실보다 '인식'이 중요하다는 것이다. 여기서 우리는 한 가지 사실을 유추할 수 있다. **실제 유능함보다 '유능해 보이는 것'이 더 중요할 때가 많다는 것이다.** 이는 단순히 외양 치장의 문제를 말하는 게 아니다. 사실 대중은 '깊이'를 판별하지 않는다. 그 대신 '상징, 태도, 자신감'을 통해 지도자의 자격을 읽는다(나와 당신, 즉 우리는 그렇다). 그런데 마키아벨리는 지나치게 '지적인 군주'들이 스스로 문제를 만든다고 지적했다. 왜냐하면, 지성에는 섬세한 사고, 끝없는 자기 성찰, 윤리적 고려가 동반되는데, 이는 학자나 철학자에게는 미덕(美德)일지 모르나 '권력의 투쟁' 앞에선 약점으로 작동해서다.

가령 지적으로 뛰어난 사람이 권력 구조에 들어오면, 남들이 단순함을 보는 곳에서 '복잡함'을 보고, 장담하는 곳에서 '한계'를 인정하며, 확신을 내뿜는 곳에서 자기 자신을 '의심'한다. 그러나 '권력의 세계'는 숙고(熟考)보다 단언(端言)을 높게 평가한다. 다시 말해 인간의 지적 속성은 권력을 쥐는 데 장애가 되는 셈이다. **권력은 도덕적인 판단과 윤리적 갈등으로 망설이는 사람보다 망설임 없이 칼을 뽑는 자를 '결단력 있는 지도자'로 포장한다.**

'자기 인식'이 깊은 사람은 불확실한 순간에 자기 자신을 검열하지만, '자기 이미지'에 몰두한 사람은 불확실한 순간에서도 '틈새'를 찾아내 치고 들어간다. 결국 군중은 실제 능력이 아닌 '퍼포먼스(Performance)화 된 능력'을 따른다. 게다가 권력은 성과보다 '확신'을 먼저 보상한다. 이러한 '불편한 진실'을 이해하는 것이 '권력의 심리'를 해부하는 첫걸음이다.

다음은 마키아벨리의 주장에 확신을 실어주는 세 가지 역설이다.

(1) 소크라테스의 역설

고대 그리스 철학자 소크라테스는 '진리' 앞에서 끝없이 질문했다.

"나는 내가 아무것도 모른다는 것을 안다."

소크라테스의 이러한 겸손, 즉 '무지(無知)의 지(知)'는 당대는 물론 오늘날까지 수많은 사람에게 큰 깨달음을 주고 있다. 그러나 정치에서는 그 겸손으로 인해 '실패자'가 될 수 있다. 대중은 질문보다 '확신'을 원한다. 소크라테스가 보여준 성찰은 당시 아테네 민주정에 '불편한 거울'이었다. 그들은 결국 소크라테스를 죽음으로 내몰았다. 이와 반대로 역사 속 정복자들은 대중에게 단순하고 절대적인 답을 내세웠다.

"해답은 오직 나뿐이다."

이러한 '선동'의 언어는 '성찰'의 언어보다 더 빠르게 권력을 쥐게 한다. **지혜는 철학자를 만들었지만, 확신은 지도자를 만들었다.**

(2) 지능과 리더십의 역설

2017년 유명 학술지에 발표된 연구 결과는 다음과 같다.

"지능과 리더십은 일정 수준까지 '동반 상승 효과'가 나타나지만, 지능지수(IQ) 120을 넘어서면 '역효과'가 일어나 하락한다."

왜 이런 결과가 나타났을까? 너무 지능이 높은 사람은

미묘한 뉘앙스, 끝없는 변수, 윤리적 고려와 자기 검열을 놓치지 않는다. 그러나 '권력의 장'은 검열(계산)보다 '속도'가 중요하다(숙고하는 동안 누군가는 칼을 뽑는다.). 또한, 지식이 높은 사람은 대중과 호흡을 맞추지 못한다. 물론 탁월함은 존경심을 낳는다. 다만 권력을 보장하지 않을 뿐이다. **때로는 '똑똑한 사람'이 권력의 문을 열지만, '너무 똑똑한 사람'은 그 문을 닫는다.**

(3) 더닝 크루거 효과

더닝 크루커 효과(Dunning-Kruger Effect)는 **'낮은 역량'을 가진 사람이 자신의 능력을 실제보다 '과대평가'하는 현상이다.** 실제로 다양한 영역에서 낮은 성과자(낮은 지식수준)는 자신을 과신하고, 높은 성과자(전문가)일수록 자신의 한계를 알기에 과소평가하는 경향이 있다. 그런데 군중은 이 차이(깊이)를 제대로 구분하지 못하고, '확신을 내뿜는 자'를 리더로 인식한다. 역사 속 인물로 임진왜란 시기 원균이 있다. 그는 삼도수군통제사의 자리에 올랐으나 오만과 과신으로 칠천량 해전에서 왜군에 대패해 수군을 와해시켰다. 당시 기록에도 능력에 비해 높은 지위에 오른 인물로 알려져 있다.

우리는 왜 단순한 해답을 내세우는 지도자를 고르는 걸까? 그 답은 간단하다. 인간은 불확실한 세상에서 '확실성'을 갈망하기 때문이다. **전문가의 복잡한 분석보다 정치인의 단순한 약속이 더 많은 지지를 얻는다.**

권력의 제로섬 게임

마키아벨리는 **"군주의 지능을 가늠하는 첫 번째 방법은 그 주변 사람들을 보는 것이다"**라고 말했다. 실제로 무능한 리더는 자기보다 더 무능한 부하를 곁에 둔다. 그래야 위협을 받지 않기 때문이다. 심리학에선 이를 '역량 위협(Competence Threatening)'이라 하는데, 불안한 리더일수록 유능한 부하를 기피하고, 충성스럽고 위협적이지 않은 사람을 고른다는 것이다. 결과적으로 무능이 제도화된다. 가령 로마 제국의 콤모두스 황제는 궁정을 아첨꾼과 연예인으로 채우면서 쇠락을 가속했다. 아프리카 역사상 뛰어난 문명으로 유명했던 짐바브웨도 무가베(Robert Mugabe) 대

통령이 기존 유능한 관료들을 자신에게 충성하는 이들로
교체하며 국가 경제를 몰락시켰다.

**지성인(知性人)은 도덕과 윤리적 이유로 '건널 수 없는
선'이 많다.** 하지만 그 선을 넘어서는 경쟁자는 더 많은 전
략을 쓸 수 있다. 애초에 약속도 지킬 생각 없이 하고, 속
임수로 경쟁자를 무너뜨리며, 남들이 금기시하는 편견
과 공포까지 이용할 수 있다. 예를 들어 로마 공화정을 대
표하는 인물로 말과 글의 힘이 대단했던 키케로(Marcus
Tullius Cicero)는 원칙을 지켰지만, 동시대를 살았던 카이
사르는 루비콘강을 건너 공화정을 무너뜨렸다.

오늘날에도 정치계에서 윤리적인 후보는 거짓 선동가에
게 패배하곤 한다. 이와 관련한 연구들은 사이코패스적 성
향(공감 결여)이 매력과 결합할 때 빠른 출세와 상관관계가
있음을 밝혔다. 이는 동서양 문화권을 초월해 나타나는데,
**이런 현상이 반복된다는 건 권력을 둘러싼 '진흙탕 싸움',
즉 제로섬 게임(Zero-sum Game)이 시작되는 것이다. 부정
이 성공하면 다른 이들도 살아남기 위해 부정을 모방할 수
밖에 없다.**

여기서 '군중의 심리'를 짚고 넘어갈 필요가 있다. 예컨

대 소셜미디어 포스팅 글에 달린 댓글을 보라. 극소수일 때는 양심을 지키던 이들도 '함께 모이면' 다른 존재가 되는 모습을 봤을 것이다. 개인이 모인 군중은 전혀 '다른 성질'로 변한다. '익명성'은 책임감과 양심을 지우고, '집단'은 무적 심리에 빠진다. 이성은 사라지고, 감정은 전염병처럼 퍼져나가며, 특정 의도에 의해 설계된 암시는 진실을 외면하게 만든다. 그리고 **다크 트라이어드는 이 지점을 안다. 그들은 선동가가 아닌 '설계자'다. 군중의 본능을 자극해 권력 시스템에 연결한다.**

다크 트라이어드와 군중심리

다크 트라이어드는 군중심리를 도덕이 아닌 '전략'으로 읽기에 항상 이긴다. 그들은 '전체'를 보고 권력 시스템을 작동시킨다.

마키아벨리스트는 규칙 밖에서 '규칙'을 만든다.
구호를 짓고, 절차를 바꾸고, 보상을 재배치한다. 즉 **'동**

조→이익’, ‘이견→불이익’ 구조를 만들면 군중은 옳아서
가 아니라 유리해서 따른다.

나르시시스트는 시선으로 ‘질서’를 세운다.

군중심리에 ‘접속 포인트(영웅신화, 서사 등)’를 만든 후 반
복해서 주입한다. 그러면 주입된 생각이 사실처럼 느껴지
고, 행동으로 나타난다.

사이코패스는 ‘한계점’을 건드린다.

공포와 분노의 소재를 주기적으로 폭발시켜 집단 정서
를 ‘일정 리듬’으로 흔든다. 대부분의 사람이 멈칫하는 그
순간, 이들은 주저하지 않는다.

‘권력 시스템’은 다크 트라이어드의 냉혹함을 ‘결단력’으
로 보상하는데, **나르시시스트는 ‘서사’를 만들고, 마키아벨
리스트는 ‘구조’를 만들며, 사이코패스는 ‘충격’을 주입한다.**
그리하여 ‘서사’는 신념을 만들고, ‘구조’는 행동을 습관으
로 굳히며, ‘충격’은 열광적인 지지층을 유지하게 한다.

다크 트라이어드의 전략은 다음과 같다.

① 적을 만든다. → 복잡함을 금지하고, 선악으로 나눈다.
("우리의 고통은 '○○' 때문이다.")

② 정체성을 융합한다. → 개인의 상처를 '우리의 모욕'으로 바꾼다.
("이견은 곧 '배신'이다.")

③ 밈(Meme), 키트(Kit)를 배포한다. → 구호·표식·제스처를 묶어 누구나 따라 할 수 있게 만든다.
("쉬움이 곧 '확산력'이다.")

④ 보상과 처벌 회로를 설계한다. → 동조는 가시성, 이견은 조롱과 배제로 학습시킨다.
("집단은 빠르게 '학습'한다.")

⑤ 근접 권위를 세운다. → 전문가, 간부, 인플루언서를 앞세운다.
("복종을 '신뢰'로 오인하게 만든다.")

⑥ 주기적으로 충격을 준다. → 분노 소재로 열정을 유지한다.
("충격이 끊기면 '열정'도 식는다.")

⑦ 사후 합리화를 붙인다. → 책임은 집단에 의해 사라지게 한다.
("'우리'는 어쩔 수 없었다.")

⑧ 책임을 외부 핑계로 돌린다. → '그림자'가 설계한 것을 '열성자'가 실행하게 만든다.
("누구도 '전체'를 모르게 만든다.")

아마 여기까지 읽은 독자분들은 '무능한' 리더가 권력을 유지하는 건 결코 우연이 아니라는 사실을 눈치챘을 것이다. **다크 트라이어드(군주, 리더, 지배자)는 '군중심리'를 본능적으로 꿰뚫는 탁월한 능력이 있으며, 그 능력으로 '권력 시스템'을 활용한다.** 다시 말하지만, 권력의 본질은 결과가 아니라 '구조'를 어떻게 바꾸어 '보상'을 재배치했는가에 있다. 따라서 권력을 해부하려면, 그 이면에서 어떤 '심리 메커니즘'이 조율되고, 어떤 '보상 회로'가 설계되는지를 살펴야 한다. 권력은 언제나 '권력을 장악한 자'의 편에 서기 때문이다.

19세기 영국의 정치가이자 역사가 액턴 경(Lord Acton)은 "권력은 부패하는 경향이 있고, '절대 권력'은 절대적으로 부패한다"라고 말했다. 이 말은 지금 시대에도 유효하다. 부패한 권력 시스템은 권력자를 더 이기적이고, 더 악한 방향으로 유도한다. 우리가 종종 뉴스에서 접하는 비리와 부패에 연루된 정치권력, 검찰의 무소불위(無所不爲)

권한도 권력 시스템의 속성에 기인하고 있다.

엄밀하게 따지면 권력 자체가 악한 것은 아니다. 그러나 권력을 휘두르는 자의 의도에 따라 이익과 위험이 결정되기에 권력 그 자체로 위압감을 느낀다. '권력 시스템'은 살아있는 유기체(有機體)와 같아서 권력을 갈구하는 사람을 끌어당기고, 부패하기 쉬운 사람에게 권력을 부여하면서 시스템을 강화해 나간다.

그래서 다크 트라이어드 성향자가 권력을 더 쉽게 얻고 남용하는 경우가 많다. 또한 권력 시스템은 비단 정치권력(대통령, 정권 등), 사회적 권력(기업, 언론 등)처럼 거대 조직(사회)에서만 작동하는 게 아니다. 사람과 사람 사이에서 부단히 뒤섞이고 경쟁하면서도 권력이 생성되는데, 이 과정에서 다른 사람을 조종하고 통제하는 것도 '권력 시스템'이다.

다크 트라이어드는 권력 시스템을 숙주(宿主) 삼아 '군중심리'를 자극하며 영향력을 행사한다.

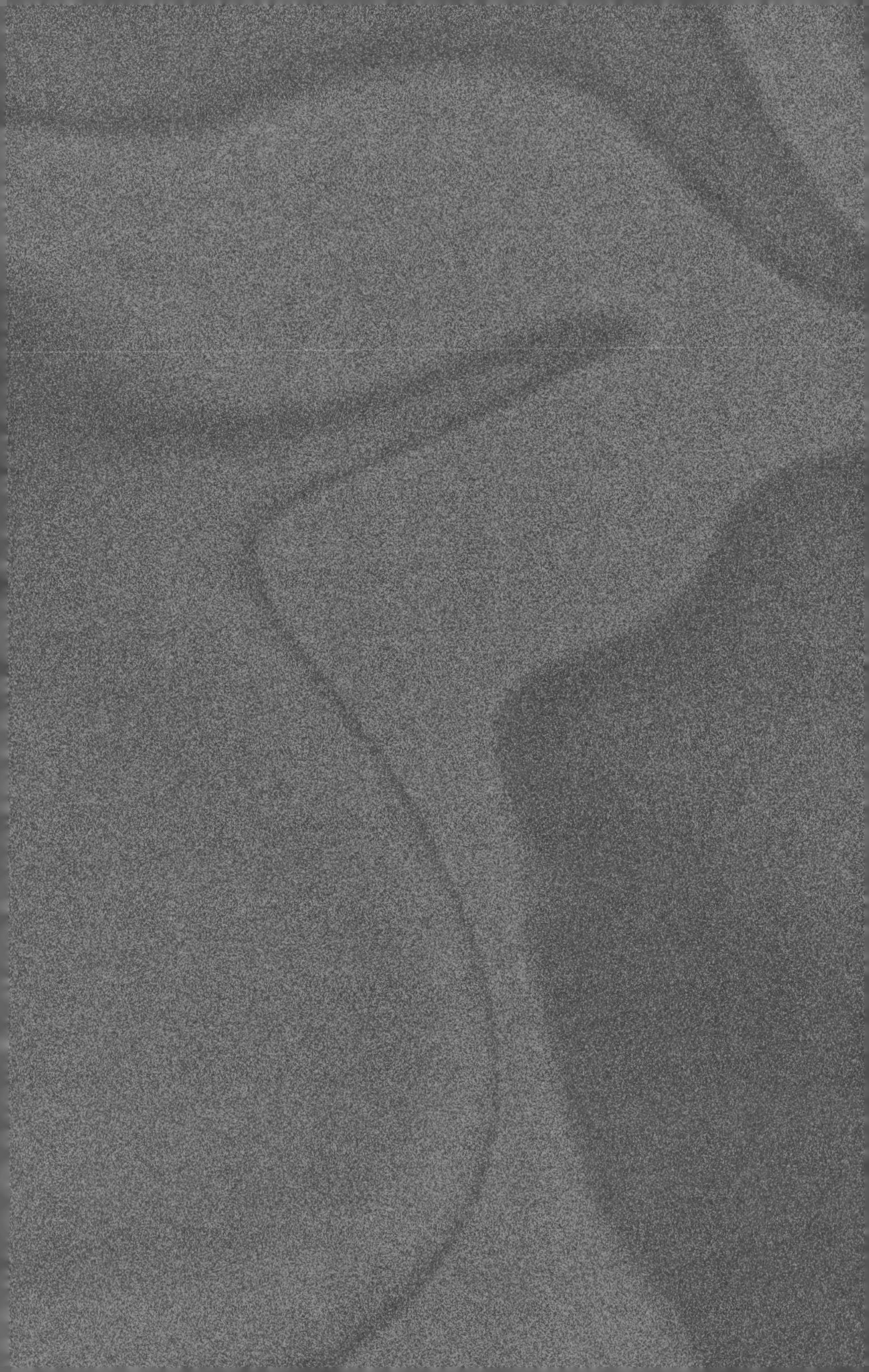

Chapter 3

악의 구조와 범죄 심리

악은 어떻게
시스템에서 지속되는가

한국산업인력공단의 2023년 통계에 따르면 해외취업자 수는 5,463명으로, 2021년 3,717명 대비 약 45.6퍼센트 증가했다. 하지만 그만큼 취업 사기 문제도 급증했는데 인스타그램, 텔레그램 등 SNS가 보편화된 지금은 '고수익, 숙식 제공, 경력 및 학력 무관' 등의 키워드와 함께 "간단한 업무지만 높은 급여를 지급한다"라는 메시지로 구직자를 현혹한다. 주로 사회 초년생이나 취업 준비생 같은 청년층이 지원하는데, 막상 가보면 보이스피싱, 로맨스 스캠, 주식 리딩방, 불법 도박 등 범죄적 업무를 강요받는다. 더 큰 문제는 감금, 폭행, 금품 갈취, 성매매 등 심각한 범죄로 이어지는 경우가 많다는 사실이다.

시스템에 착취당한 이들

다음은 '캄보디아 한국인 납치 사건'을 재구성해 인간의
욕망과 조작의 관계를 해석한 내용이다. 사례로 들기에도
무겁고 슬픈 사건이지만, 이를 통해 인간의 욕망이 어떻게
통제와 착취로 이어지는지 알기 바란다. 아울러 더 이상의
비극이 재발하지 않기를 진심으로 바란다.

'꿈꾸지 마라. 그 순간부터 인생이 무너진다.'

사건의 제보자는 섬찟한 경고로 이야기를 시작한다.
대다수 사람들은 부자가 되기를 꿈꾼다. 큰돈을 벌어 경제
적 자유를 얻고 싶어 한다. 당연하다. 현대 자본주의 사회
에서 풍족한 재산은 곧 안정적인 삶을 뜻하기에 잘못된 생
각이 아니다. 그러나 아무 노력 없이 '욕망'을 품는 순간부
터 '조작'이 시작된다. 비극의 시작은 '유혹'이었다. 대학

생 P씨는 "캄보디아에 가면 큰돈을 벌 수 있다"라는 거짓말에 속아 실제로 캄보디아에 갔고, 프놈펜 인근에서 연락이 끊겼다.

그리고 2025년 8월, P씨가 살해된 채 발견되었다는 뉴스가 나왔다. 이에 캄보디아 검찰은 P씨 살해 사건과 관련된 중국인 용의자 3명을 살인과 사기 혐의로 정식 기소했고, 이들을 수사하는 과정에서 놀라운 사실들이 드러나기 시작했다. 이들은 단순한 사기꾼이 아닌 '인간을 거래하는 시스템'을 만들었다. 즉 인간의 욕망을 이용하고, 그 욕망으로 사람을 팔아넘긴 것이다.

조작은 항상 당신의 '선택'으로 시작된다.

처음에 P씨는 기회를 얻은 줄 알았지만, 자신의 욕망이 미끼가 되어 스스로 덫 안으로 들어간 셈이다. 다른 관점에서 가해자도 강요하지 않았다. 단지 '선택'의 기회를 주고, 그 선택이 스스로를 파괴하게 만든다. 모든 '조작'은 언제나 언어로 시작되는데, 이들의 말 속에는 '신뢰'가 담겨 있다. "요즘 이런 부업 다들 해요", "이건 합법이에요,

잠시만 도와주시면 돼요.” 이런 한 마디에 피해자는 마음의 문을 열고, 심지어 ‘사기를 당했다’라고 느끼지 않는다.

시작은 메시지 하나였다. **[하루 30만 원, 단기 알바]** 단순한 제안에 의심을 거둔다. 이는 심리학적으로 인지 피로(Cognitive Fatigue)[2]를 이용한 설계인데, 복잡한 설명보다 짧고 쉬운 문장으로 뇌를 속인다. 그다음 ‘공감형 상담자’가 등장한다. 그들은 따뜻한 말투로 접근한다. “요즘 다 힘들죠? 저도 그랬어요!” 이 한 문장이 방어벽을 무너뜨린다. 마지막 단계는 ‘문서’다. 대출 계약서, 근로계약서, 투자 확인서 등 모두 정식 서류처럼 보이지만, 별 내용이 없는 위조문서다. 인쇄선, 도장 위치, 문서번호 하나까지 ‘진짜’처럼 보이게 만드는 기술이 동원된다. 이에 피해자는 안도하지만, 바로 그 순간 ‘악인의 덫’에 걸린 것이다.

악인들이 사용하는 언어에는 세 가지 패턴이 있다.

- **욕망을 자극하는 단어 : 기회, 안전, 단기 수익**

---

[2] 과도한 정신적 활동에 의해 뇌가 지친 상태로, 인지 기능(생각, 집중, 문제해결 등)의 저하가 시작된다.

- 공감으로 무장된 대화 : 괜찮아요, 저도 처음엔 불안했어요.

- 합법성을 흉내 낸 절차 : 계약서에 서명만 하시면 됩니다.

이 모든 과정은 단 한 가지 목적을 위해 작동한다.

'속이는 것이 아니라, 스스로 속게 만드는 것.'

이들은 P씨에게 거짓을 강요하지 않는다. 단지 '믿고 싶은 진실'을 설계한다. 이것이 유혹의 본질이다. '진짜 진실'보다는 자신이 그동안 꿈꿔왔던 것을 따르는 인간의 본능을 악용한 것이다.

'해외 취업'이란 말만으로 가슴 벅찼던 P씨는 캄보디아 프놈펜 공항에 도착했다. 호텔 예약 문자, 픽업 차량, 웃으며 마중 나온 현지 직원까지 모든 것이 완벽했다. 단 하나, 자유만 제외하고 말이다. 도착한 첫날 밤, 휴대폰을 압수당했다. '보안상 이유'라고 말하지만, 그 말 뒤에는 전혀 다른 현실이 펼쳐졌다. 다음 날, P씨는 다른 방으로 옮겨졌다. 창문도 없고, 문은 밖에서만 열리며, CCTV가 달려 있었다. 그제야 P씨는 깨달았다.

'나는 취업된 게 아니라 팔린 것이다.'

그 방에는 P씨 말고도 여러 명이 있었다. 한국인 청년들이 대다수였고 "여기서 나갈 수 없다"란 말을 반복했다. **P씨의 하루는 '시스템'처럼 운영되었다.** 아침 7시 기상, 점심은 15분, 오후에는 '훈련'이라 불리는 세뇌가 이어졌다. 그들의 지시를 거부하면, 전기봉이 가해졌다. 한 번의 저항은 폭력으로, 두 번의 저항은 다른 단지로 '이송'하는 것으로 끝났다. 이곳에서 인간은 노동력이 아니라 상품이었다. P씨의 여권을 비롯해 이름, 생년월일, 은행 계좌번호, 부모 연락처까지 모두 가격표가 붙었다. 한 사람의 '시세'는 평균 천만 원, 숙련된 IT 기술자는 그 두 배였다.

놀라운 건, **이 모든 과정이 폭력이 아닌 '절차'로 진행되었다는 점이다.** P씨는 절차대로 계약서를 검토했고, 직접 서명했다. 물론 계약서는 가짜지만, 서명은 진짜였다. 그 한 줄의 서명으로, P씨는 '합법적인 소유물'이 되었다. 엄밀하게 따지면 P씨는 강제가 아닌 스스로 돈을 벌기 위해 걸어 들어왔다.

이것이 '시스템의 완벽함'이다. 희생자는 피해를 주장할 수 없고, 가해자는 법의 틀 안에 숨어 있다.

**인간이 자원이 되는 순간, 윤리는 사라진다.
그 사라진 공백에는 '이익'이 채워진다.**

죄의식을 제거하는 시스템

P씨는 어쩔 수 없이 시키는 대로 전화(보이스피싱)를 걸었다. 그러나 불법이기에 "이건 범죄잖아요"라고 말하는 순간, P씨에게 날아온 건 "우리가 범죄자라면, 너도 범죄자야"라는 한 마디였다. 그 한 마디 말이 P씨의 내면을 무너뜨렸다. 죄책감은 분산되었고, 악행은 더 이상 개인의 선택이 아니었다. 고통보다 무서운 건 '합리화'이다.

시스템은 '죄의식을 제거하는 공장'처럼 단계적으로 가동된다.

1단계 : 공포
신체보다 정신을 굴복시킨다. "여기선 거절이 곧 죽음이야"라는 한 마디로 윤리보다 '생존 본능'이 우선 된다.

2단계: 공범화

일부러 함께 죄를 짓게 하면 더 이상 '순수한 피해자'가 아니다. "너도 전화 걸었잖아"라는 말을 들으면 도망칠 수 없으며, 죄책감이 아닌 의무감의 변종된 형태가 피해자를 묶는다.

3단계 : 보상

통화 성공률이 오르면 휴식을 주고, 송금이 성사되면 음식이 나온다. 점차 판단 기준이 윤리가 아닌 '점수'가 되고, '선한 사람'보다 '유능한 인력'으로 평가받는다.

이 세 단계를 거치면 인간은 '자발적인 도구'로 변한다. 더 이상 명령도 필요 없이 스스로 '살기 위해선 속여야 한다'라는 논리를 만들어낸다. '스스로 속도록 설계된 인간', 이것이 '조작'의 완성형이다. 이렇듯 '폭력'은 행위에서 '언어'로, 다시 언어에서 '시스템'으로 이동한다. 이것이 '시스템의 정교함'이다.

**'피해자'는 자발적으로 행동하고,
'가해자'는 명령만 내린다.
그러므로 누구도 책임지지 않는다.**

또한, 이 시스템은 감정이 아닌 '계산'으로 움직인다. 폭력도, 협박도, 감금도 모두 비용 대비 '효율'로 평가된다. 이윤을 극대화하기 위해 인간의 노동과 고통을 수치화한다. 시스템에서 사람은 존재가 아니라 '기기(Device)'이다. 가령 누군가를 지칭할 때 "기기 12대 확보 완료", "2대 불량 처리"라고 부른다. 그들에게 사람은 '관리 대상'이며, 죽음은 '운영 손실'일 뿐이다. 더 무서운 건, 그들 중 누구도 자신을 악인이라 생각하지 않는다는 것이다. **하층은 명령을 따르고, 중층은 인원을 관리하고, 상층은 수익만 본다.**

P씨를 포함해 수많은 한국 청년이 착취당한 그곳은 단순한 범죄의 '현장'이 아니라 '범죄도시'였다. 이 범죄도시는 '자율적 경제권'처럼 작동한다. 통신망은 현지 대기업의 회선을 쓰고, 전력은 국영 전력공사에서 공급받는다. 일부 경찰 간부와 정치인들이 직접 지분을 가지고 투자했다는 사실도 드러났다. 그들은 이 구조를 '외국 자본 유치'로 포장했다. 캄보디아 정부가 만든 '합법의 외피(外皮)' 덕분에 이 도시는 '법 밖의 안정성'을 얻었다. 즉 국가가 개입하지 않기에 폭력은 오히려 질서로 기능한다. **이 도시**

의 가장 잔혹한 점은, 그곳의 모든 질서가 '합리성'으로 유지된다는 것이다. 도덕은 비효율이고, 폭력은 규율이며, 착취는 단순한 경제활동이다.

다시 사건으로 돌아가 말하면, P씨와 연락이 끊긴 후 그의 가족은 한국 경찰에 신고했지만, 캄보디아 당국은 '출입국 기록 없음'이라 답했다('시스템'에서 삭제되었다). 이 사건을 추적한 탐사보도는 중국계 브로커 '리광우'를 찾아냈다. 그는 동남아 3개 지역에 범죄 단지를 운영했는데, 한국인 모집책을 전담으로 두어 '지인들의 신뢰'를 미끼로 삼았다. 이 사건은 한 개인의 불운이 아니다. 시스템이 만들어낸 결과물이다. P씨는 선택했지만, 그 선택의 무대가 조작되어 있었다. 그가 믿은 것은 사람이고, 그 사람이 믿은 것은 돈이었다. 그리고 그 돈이 그의 생명을 삼켰다. P씨의 죽음 이후, 뉴스는 몇 번 더 같은 구조의 사건을 보도했다. 단지 이름과 장소만 달랐을 뿐 동일한 시스템이었다.

범죄는 사라지지 않는다. 단지 '문명화'될 뿐이다.

'범죄도시'에서 구출된 이들은 자유를 얻었지만, 공항에서 그들을 기다린 건 가족이 아닌 '수갑'이었다. 그들은 '보이스피싱 조직원'으로 분류됐고, 법은 사정을 묻지 않았다. "물리적 강요가 있었어도 불법임을 인지하고 지속하면 공범으로 본다." 이것이 법의 논리다. 살기 위해 범죄에 가담한 이들이 '살아남았다는 이유'로 죄인이 되는 것이다. 피해자의 형량은 평균 2~5년, 전과는 '사기 공범'이다. 출소 후 '사기단'이라 낙인찍힌 그들은 사회로 돌아가지 못했다. 그 절망의 틈을 또 다른 브로커가 파고들어 "억울한 피해자 모임이 있습니다"라고 말한다. 그 한 마디에 또 속아 이번엔 '피해자 구제 사기'의 먹잇감이 된다.

시스템은 '실패한 인간'을 다시 원료로 삼는다.

조작은 결코 폭력으로 끝나지 않는다. 국가가 피해자를 죄인으로 만드는 순간, 통제는 절정에 이른다. 그 마지막 단계는 인간의 '자발적 동화'다. 이 시스템은 인간을 억압하지 않는다. 오히려 인간의 욕망, 불안, 죄책감을 활용해 스스로 시스템의 일부가 되게 만든다. 처음엔 '돈'이었고,

그다음은 '생존'이었으며, 마지막엔 '정의'가 되었다. 범죄자는 "나는 시킨 대로 했다"라고 말하고, 국가는 "법에 따라 처벌했다"라고 말한다. 그 사이에서 인간은 의미 없는 존재로 사라진다. 이것이 조작의 완성이다. 사람을 거래하던 '범죄도시'는 사라지지 않으며, 그 형태를 바꿔서 우리를 유혹한다. 디지털 세상 속 광고, 투자 플랫폼, 심지어 AI가 설계한 '맞춤제안'까지 모두 같은 구조다. 이것은 '선택의 자유'라는 이름으로 당신의 의식을 설계한다.

진짜 '감금'은 감옥이 아니라, '알고리즘(Algorithm)' 속의 선택지다.

우리는 쉽게 클릭하고, 동의하고, 서명한다. 그리고 스스로를 '피해자'라 부른다. 조작의 시대는 끝나지 않았다. 오히려 더 세련된 형태로 우리 안에 들어왔다. 시스템은 이미 인간을 대체했다. 그리고 인간은 그 사실을 기꺼이 수용했다. 그게 바로 '현대의 조종'이다. 폭력이 사라진 세상에서 인간은 여전히 통제당하고 있다.

선한 사람들은 왜 이용당하는가

대부분의 사람은 '선한 마음'이 있어서 악한 생각이 들 때 '이러면 안 돼'라고 자신을 검열한다. 즉 실제 어떤 행동에 앞서 선함을 추구하며 살아간다고 생각한다. 하지만 세상은 선한 사람들이 이용당하는 경우가 많으며, 이른바 '나쁜 놈'들이 떵떵거리며 잘살고 있다. 특히 권력의 구조에서 선함은 '약자'로 인식하기 때문에 수많은 공격을 받는다. 이번 장에서는 사이비 종교의 사례를 통해 '선한 사람'이 악에 물들어가는 과정을 살펴보고, 마찬가지로 평범한 사람이 권력 시스템에서 잔혹하게 변해가는 이유를 설명하겠다.

일상에 스며드는 악

사이비 종교란, 종교의 외형을 가장해 사회는 물론 개인에게 해악(害惡)을 끼치는 집단이다. 이들은 '교주의 신격화, 폐쇄적 통제, 정신적 지배, 이분법적 세계관, 종말론' 등으로 신도들을 조종하고 이용한다. 다음 이야기는 다크 사이드 프로젝트 팀원 중 한 명이 겪은 실화로, 사이비 종교의 포섭 경험을 정리했다. 독자분이 유추할 수 있는 직접적인 단어는 최대한 배제했으니 읽는 데 참고하기를 바란다.

국내 모 사이비 종교의 믿음은 이랬다. '지금, 이 시대에 구원의 중심이 왔다. 그 역사에 내가 서 있다.' 이런 그릇된 믿음이 모든 신도의 삶을 재배치한다. 즉 "구원자(교주)가 눈앞에 있으니 이 시대의 역사 속 주인공으로서 살아가는 게 중요하며, 세속적 성공은 부차적"이라고 가스라이팅(Gaslighting)한다. 이에 신도들의 인생 목적은 '재림(再臨) 역사에 동참하는 것'으로 귀결되고, 각자의 학업, 직업, 가정보다 종교가 우선된다.

핵심 교리는 간단했다. 교주는 '살아있는 메시아

(Messiah)'로 떠받들어지기에, 교주의 일상적인 발언도 즉시 교리가 된다. 예를 들어 '탄산음료는 몸에 안 좋다', '영화와 드라마는 세속적이다', '어떤 노래는 영적(靈的) 오염을 유발한다', '그 옷은 유혹의 통로가 된다'처럼 신도들의 일상 속 모든 것을 통제했다. 규정은 주마다 업데이트되는데, 바뀌는 건 이유가 아니라 '목록'이다. 특히 바깥 정보는 '믿음을 흔드는 유혹'으로 규정하기에 티브이(TV) 시청 금지는 필수다.

이러한 감시 체제에서 성도들은 '나는 언제든 죄를 지을 수 있다'라는 만성적 죄책감과 불안이 내면화된다. 믿기지 않는가? 21세기 선진국 반열의 한국 사회에서 실제로 일어났던 일이다. 더욱이 어린 신도들은 죄의식 속에서 성장하며 두려움에 빠지는데, 이는 곧 '교주의 보호가 없으면 지옥에 떨어진다'라는 확신으로 강화되며, **결국 신앙이 아닌 '공포' 기반의 충성이 형성된다.**

**사이비 종교의 통제 체제는
'죄의식 → 두려움 → 복종'을 순환하는 구조이다.**

한 매체에서 접한 사이비 종교 탈퇴자는 어린 시절, 극도로 폐쇄적이고 감시적인 환경 속에서 자랐다고 증언했다. 그의 부모는 사이비 종교를 통해 결혼했는데, 자신에겐 선택권이 없었기에 사이비 종교에 소속되었고, 앞의 구조처럼 감시와 통제가 일상적으로 이루어졌다. 한번은 또래 여자아이를 바라봤다는 이유로 교사의 연락이 왔으며, 교회 찬양단 무대를 보는 시선조차 '유혹'으로 해석되어 면담 대상이 되었다. 이런 환경은 자연스레 '움츠러드는 삶'을 학습시켰다.

가장 심각한 문제는 '주체성의 마비'다. 인생에서의 중요한 결정들, 이를테면 진로나 학업, 직업, 연애, 결혼 등 모든 것을 '윗선'에 묻는다. 앞서 말한 팀원도 "자신은 20대 초반에 그 종교를 빠져나왔지만, 세상을 살아갈 때 중요한 '주체성'을 잃어버리는 체험을 했다"라고 전했다. 모든 결정에 앞서 '신의 생각은 인간의 생각과 다르다'라는 맹목적인 믿음으로 자신의 판단을 유보하는 것이다. 그리고 이들의 '윗선'은 하향식(Top-down) 피라미드 구조다.

이렇게 교주를 중심으로 위계질서가 명확한 구조에서는 자신도 모르게 겁이 많고, 우유부단(優柔不斷)해져 판단을

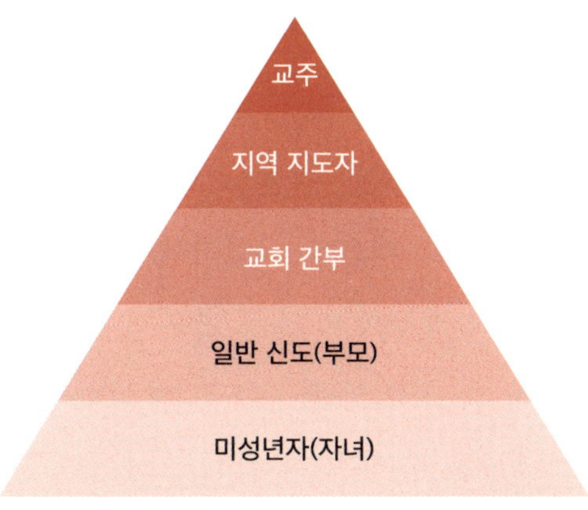

미루다가 '좋은 선택'을 놓치는 인간이 돼버린다. 이는 단순히 신앙의 문제를 넘어 '자율성 훈련'이 완전히 차단된 상태, 즉 이성을 지닌 인간이 할 수 있는 사고 자체를 거세시키는 것과 같다. 더 충격적인 사실은, **한번 접한 '통제 구조'는 성인이 되었어도 '스스로 결정하는' 행위 자체가 두려움으로 작동된다**는 것이다.

**정교하게 설계된 권력의 통제 시스템에서
한 개인이 온전하게 살아남기란 쉽지 않다.**

다행히 팀원은 3년 내외의 시간을 보냈지만, 그곳에는

이미 인생의 전부를 바친 신도도 있고, 태어나자마자 그 종교의 신도로 태어날 수밖에 없었던 아이들도 있다. 또한, 사이비 종교를 탈퇴한 이들도 오랜 기간 현실 사회의 기본 역량을 단련할 기회를 잃었기에 경제적 자립 능력, 직업적 감각, 사회적 네트워크 등 모든 것이 취약하다.

다시 사이비 종교의 위계 구조를 살펴보자. 어디서 많이 본 것 같지 않은가? 권력이 위에서 아래로 흐르는 구조는 비단 사이비 종교뿐 아니라 어느 조직, 어떤 단체에서도 형성될 수 있다. 권력의 하향식 구조는 언제나 '복종하는 인간'을 만든다. 즉 **사람은 시스템을 믿는 순간부터 스스로 판단할 권리를 포기한다. 그 결과, 옳고 그름을 구분하는 감각은 흐려지고, '생각하지 않는 선(善)함'이 '맹목적 악행(惡行)'으로 변질된다.**

필자가 팀원의 경험담을 들었을 때 떠올린 건 '사이비 종교는 거대한 사회 실험장'이라는 생각이었다. 실제로 '조직적 사회 심리 실험'이 작동한 구조로 볼 수 있는데, 실험의 목적은 (신앙이 아니라) "인간의 현실 인식이 얼마나 쉽게 조작될 수 있는가?"이다. 외부 정보와 사회적 연결망을 차단하고, 내부 결속력을 강화해 권력자에 대한 신

뢰도가 절대적으로 변하면, 구성원은 현실에 있어도 사실
상 '가상현실'에 있는 것과 같다는 것을 전혀 인지하지 못
한 채 평생을 살아간다.

삶에 대한 '인식'을 바로 잡는 것이야말로

진정으로 자신을 '구원'하는 힘이 된다.

평범한 사람도 악인이 될 수 있다

권력과 욕망의 관계

어느 영화나 드라마가 그렇듯, 갈등과 긴장감을 만드는 악당이 존재한다. 넷플릭스 시리즈 〈기묘한 이야기〉에서 시청자를 긴장하게 만든 건 '베크나, 마인드 플레어'다. 이 존재들의 '진짜 위협'은 '외로움, 죄책감, 상실, 분노'의 감정에 파고들어 극대화하는 것이다. '조종'이란 자기 내면에서 일어나는 변화를 인지하지 못하게 만드는 게 원칙이다. 가령 외부적으로 강하게 밀어붙이면 '저항력'이 생기지만, 내면의 무의식부터 방향을 틀어 버리면 손 쓸 도리가 없다.

권력은 '위에서 아래로, 계층적'으로 흐른다. 즉 '강자가 약자를 지배하는' 도식이다. 차라리 이렇게 단순하면 다행이다. 한층 더 업그레이드한 권력은 더욱 교묘하고, 훨씬 알아차리기가 어렵다. 이 권력은 명령하지 않는다. 그저 '의미'를 제공할 뿐이다. 사이비 종교 사례에서 알 수 있듯이, 그들(신도)은 총을 들고 전쟁터에 나가지 않는다.

'당신은 선택받았다, 당신은 특별하다.'
'세상은 타락했다, 우리는 진리를 안다.'

이러한 메시지가 무의식 속 뿌리 깊은 곳에 자리 잡힌다. 그전까지는 '관계' 중심으로 접근해 개인의 불안 요소를 파악한다. 그다음 '의미'를 제공하여 소속감을 입히고, 마침내 '복종'하게 만든다. 이러한 구조가 완성되면 굳이 명령할 필요가 없다. 권력자의 말 한 마디에 집단 스스로 움직인다.

사실 '개인'은 혼자일 때 불안해한다. 그러나 '집단'은 흔들리는 개인을 안정시킨다. 개인은 집단에 들어가는 순간, 더 이상 질문하지 않는다. 왜냐, 집단은 이미 '답'을 가지고 있기 때문이다(답이 있다고 느낀다.). 집단 내 권력은 눈에 보이지 않고, 복종은 공기처럼 숨 쉬듯 당연한 일이 된다.

'함께 기도한다, 함께 노래한다.'

'같은 언어를 쓴다, 같은 적을 설정한다.'

이러한 반복은 '집단의 세계관'을 구성한다. 즉 불안, 슬픔, 분노와 같은 감정들은 실패 없는 우리의 역사를 완성하기 위한 서사가 돼버린다.

프랑스의 철학자, 질 들뢰즈(Gilles Deleuze)는 다음과 같이 말했다.

"세계에는 중심도, 뿌리도, 절대적 원리도 없다. 마찬가지로 인간의 무의식도 트라우마나 억압된 기억의 저장소가 아니라, 끊임없이 욕망을 생산하는 장치와 같다."

들뢰즈의 관점에서 사이비 종교는 무의식을 억압하는 게 아니라, 욕망의 흐름을 '새로운 회로'에 연결하는 것이다. 쉽게 풀어 설명하면, 지금 '사이비 종교' 이야기를 읽고 있는 당신은, 이들을 '비정상'이라 생각할 것이다. 그러나 반대로 사이비 종교에 소속된 이들은, 이 책을 읽고 있는 당신을 '비정상'이라 생각한다. 또 다른 설명으로 '다크 심리학 열풍'이 불어도 《다크 심리학》 책을 '읽는 사람'

과 '읽지 않는 사람'이 있다. 아마 읽지 않는 사람은 '조종'이라는 키워드에 거부감을 느꼈을 것이다. '이런 책을 왜 읽지?'라는 뉘앙스로 말이다.

아이러니하지 않은가? 당신이 어떤 집단을 보며 '비정상'이라고 말하는 순간, 다른 누군가는 당신을 그렇게 보고 있을 수 있다. 즉 **'무의식'이란, 현실 세계에서 내가 행동하게끔 만드는 '욕망'을 끊임없이 생산하는 장치이다.** 이러한 연유로 사이비 종교는 '부흥 집회'를 자주 하고, 다단계 사기는 날마다 '동기부여'를 하는 것이다. 따라서 '조종'과 '동기부여'는 동전의 양면처럼 큰 차이가 없으며, 둘 다 '욕망'을 증폭시키는 공통점이 있다. 이것이 들뢰즈가 말한 '욕망의 흐름을 새로운 회로에 연결'하는 것이다.

인간의 모든 감정은 어딘가에서 새롭게 나타난 게 아니라, 본래 내 마음속에 존재하던 것이다. 그렇기에 누군가가 '자신의 울타리'를 부수려고 하면 적으로 인지하고, '선한 사람'도 서슴없이 악한 행동을 저지르게 된다.

인간은 악의(惡意)가 없어도 누구나 악인이 될 수 있다.

선해 보인다고 악하지 않은 게 아니며, 자신의 욕망대로 '연결되고 싶은 곳'을 따라 회로를 설치할 뿐이다. 이는 다음과 같은 단계를 거친다.

외로움 → 공동체 욕망, 불안 → 확실성 욕망, 분노 → 적(敵) 설정 욕망

그렇다면 우리는 왜 스스로 복종을 욕망할까? 들뢰즈의 관점에서 욕망은 '채워야 할 빈자리'가 아니라, 이미 흘러가고 있는 에너지이다. 그래서 욕망은 멈춤 없이 항상 어딘가에 연결되려 한다. '떠도는 흐름'은 불안하기에 더 크고 단단한 '구조'에 붙으려는 욕망의 속성이다.

인간이 무의식적으로 강한 지도자를 원하는 이유도 여기에 있다. 강한 지도자는 단순히 권력자가 아닌 '흩어진 욕망'을 한 방향으로 묶어주는 역할을 한다. 우리는 혼란을 싫어하고, 복잡한 세계를 그대로 두기엔 불안이 너무 크다. 그래서 '확실한 답'을 주는 집단에 끌린다. 그러나 그 집단은 새로운 욕망을 주입하는 게 아니다. 이미 존재하던 불안과 외로움의 흐름을 재배치할 뿐이다.

‘흐름’은 늘 어딘가에 붙는다. 우리가 생각할 문제는 ‘그 흐름이 어디에 연결되느냐’이다.

**사람들은 속아서 따르는 것이 아니라,
자신의 욕망이 ‘덜 흔들리는 구조’를 선택한다.**

겉모습으로 범죄자를 알 수 있는가

범죄심리학(Criminal Psychology)은 범죄자의 특성과 배경을 과학적으로 분석하는 학문이다. '범죄가 왜 일어났는지, 그 동기는 무엇인지' 등 범죄자가 범행을 저지르는 이유(심리)를 연구해 범죄 수사와 예방을 하는 게 목적이다. 그동안 많은 연구와 형사 사법을 통해 범죄심리학이 널리 알려졌지만, 아직 대중의 이해도는 낮다. 그도 그럴 것이, 대부분 미디어(영화·드라마·애니메이션 등)를 통해 관련 지식을 쌓는데, 사실 현실과 영화 속 이야기(사건)는 차이가 있다(몇몇은 오해의 소지마저 있다).

이번 장에서는 끔찍한 범행 뒤에 감춰진 범죄자의 속마

음을 분석하고, 이와 관련된 심리학 이론과 실험, 사례를 소개하겠다. 한 사람이 범죄를 저지르는 동기와 심리, 범죄심리학을 이용한 수사 방법까지 알아낸다면 범죄의 영향에서 벗어날 수 있을 것이다.

관상과 범죄

2023년 미국 법정에서 한 흑인 피고인을 두고 판사가 공개적으로 "딱 범죄자처럼 생겼다"라고 말하는 사건이 벌어졌다. 이 발언으로 해당 피고인의 유죄 판결은 항소심에서 뒤집혔다. 판사의 외모 편견이 피고인의 공정한 재판을 해쳤다는 이유였다. 그런데 우리는 무의식중에 '범죄자처럼 생긴' 얼굴을 떠올리곤 한다. 그렇다면 정말 '범죄자처럼 생긴' 얼굴(유형)은 따로 있을까?

영화 〈살인의 추억〉에서 시골 형사 박두만(송강호 분)은 용의자 사진을 훑으며 '척 보면 안다'라고 큰소리친다. 그는 험악한 인상의 남자들을 연쇄살인범으로 지목하지만, 정작 진범은 '평범한' 얼굴로 숨어 있었다. 사실 한국 사회는 오래전부터 관상(觀相)을 통해 사람의 운명과 심성을 읽으려고 했다. 관상학적 속설은 범죄 수사에도 적용되어 '음침한 얼굴은 흉악범', '불안한 눈빛은 살인범'처럼 얼토당토않은 논리를 낳기도 했다.

당연히 이러한 '관상 수사'는 번번이 실패로 끝났다. 2004년 연쇄살인범 유영철은 평범한 이웃 아저씨 같은 얼굴로 사람들을 속였고, 2009년 연쇄살인범 강호순은 호감형의 외모 덕분에 초기에 용의선상에서 배제되기도 했다. 범죄와 관상을 연관 짓던 '믿음'은 현대 과학수사 앞에서 힘을 잃었다. 그런데도 여전히 일부 관상가들은 '살인상', '도적상' 운운하지만, 이는 인간 심리를 단순화한 비과학적 잔재일 뿐이다.

그런데 왜 범죄자에 대한 고정관념이 생긴 걸까? 앞에서 언급했듯 대부분 미디어를 통해 범죄 지식을 얻는데, 이건 어릴 때부터 '학습된 결과물'이기 때문이다. **사람은 얼굴에 도덕을 덧칠한다. 왜냐, 그렇게 해야 안심되기 때문이다. 반면 악은 낯설고 이상해야 한다. 그래야만 우리와 '다르다' 믿을 수 있고, '나는 저런 인간이 아니야'라고 위안받는다.**

미디어는 인간의 '위험 회피(Harm Avoidance)' 심리를 교묘히 이용한다.

당신의 어린 시절을 떠올려보자. '사마귀투성이 마녀, 흉터 난 왕, 눈 밑이 짙게 팬 마법사'처럼 악당의 얼굴은 흉측했다. 사실 '선(정의)'이 돋보이려면 '악(불의)'은 추해야 한다. 그래서 우리는 어려서부터 성인이 된 지금까지 '악 = 추함'이란 등식이 각인 되었다(특히 피부가 '악의 상징'이 됐다.). 그렇다면 서양권 나라의 사정은 어떠했을까? 동양과 달리 처음부터 과학적이었을까?

19세기 이탈리아의 범죄학자 체사레 롬브로소(Cesare Lombroso)는 '생래적 범죄인설(Born Criminal)'을 통해 "범죄자는 태어나면서부터 신체적 특징으로 구별된다"라고 말했다. 그는 범죄자의 두개골과 안면을 분석해 '범죄자상'을 정형화했는데, 가령 비정상적인 두개골과 돌출된 턱처럼 진화가 덜 된 '원시인'과 유사한 신체적 특징을 지닌 사람이 범죄자가 될 확률이 높다고 주장했다.

당시 롬브로소의 이론은 사회적으로 큰 파장을 일으켰

으나 범죄 원인을 개인의 생물학적 특징에서 찾으려는 시도였다는 점에서 의미가 있을 뿐, 과학적으로는 '근거 없음'으로 판명됐다. 20세기 들어 심리학과 범죄학이 발달하고, 행동 환경과 사회적 요인의 중요성이 입증되자 '범죄자의 얼굴' 개념은 더욱 설 자리를 잃었다. 현대 연구들은 "설령 외모와 범죄 성향 간 연관이 일부 관찰되더라도 예외가 많고 부정확하기에 위험성이 높다"라고 결론지었다.

편견과 고정관념

흔히 '관상은 과학'이라고 말한다. 그런데 막상 실제 범죄자들의 사진을 보면 제각각이다. 난폭한 인상도 있지만, 호감형 외모, 심지어 착해 보이는 사람도 있다. 따라서 **'겉모습'만으로는 범죄자를 100퍼센트 파악할 수 없다는 사실을 받아들이고 상대방을 판단해야 한다.** 그런데 사람들은 여전히 '얼굴'을 본다. 가령 낯선 얼굴 앞에서 단 몇 초만에 '좋다', '싫다'를 판단한다. 인간의 뇌는 위험을 예측하지 못하면 불안을 느끼는데, 이 불안을 줄이고자 '표정'을 해석하는 습관을 만들어냈다. 그 결과, 눈썹 각도나 입꼬리 방향 같은 사소한 단서에 의미를 부여하고, 각자만의 믿음을 만들어낸다.

롬브로소 이후에도 학계에서는 겉모습으로 범죄자를 판별하는 실험을 다수 진행했지만, 결과적으로 범죄자와 일반인을 구별하진 못했다. 이에 어느 유명 칼럼니스트는 얼굴로 범죄자를 가려내는 '안면 프로파일링'의 한계를 지적하면서 "사람들은 나쁜 일이 생기기 전 '의심부터 하고 보자'라는 심리가 깔려 있어 무고한 사람을 범인으로 오인하는 경우가 많다"라고 설명했다.

또 반대로 '범죄자가 아니다'라는 오판으로 범죄자의 희생양이 된 경우도 있다. 2024년 4월, 50대 여성 A씨가 '배우 이정재'를 사칭한 자에게 5억 원이 넘는 금액을 뜯긴 사건이 있었다. 처음엔 A씨도 의심했지만, 사칭범이 AI 합성 기술로 제작한 사진을 보내고, 로맨스 스캠 수법으로 A씨의 마음을 사로잡았다고 한다. 여론은 '속았다는 것에 놀랐다'라며 농담 섞인 어투로 비판하지만, 점점 AI 기술을 활용한 디지털 범죄가 확산하고 있어 마냥 웃을 일만은 아니다. **기술이 발전됐다는 건, 그만큼 범죄자들의 수법도 늘어났다는 의미다.**

기술의 발전에도 인간의 눈은 아직 '원시적'이다. 또한, 타인에 대한 판단력도 정교해진 것 같지만, 인간은 여전히 '믿음'과 '감정'으로 작동된다.

그렇다면 AI 기술의 발전으로 '범죄자를 알아보는 기술'도 발전하지 않을까? 중국 연구진이 개발한 안면 인식 기술은 '약 90퍼센트 정확도로 범죄자를 맞힌다'라고 알려졌다. 하지만 그 정확도는 데이터 편향의 착시였다. AI가 학습한 중국인 남성 1,860명의 얼굴 사진을 분석하면, 범죄자 사진은 경찰이 찍은 정면 사진이고, 비범죄자 사진은 프로필처럼 꾸민 사진이었는데, AI가 학습한 건 범죄자 얼굴이 아닌 '사진 분위기와 표정 차이'였다. 게다가 '유죄로 판결된 사람'들만을 범죄자 데이터로 썼기에 AI는 범죄 성향이 아닌 '유죄로 보이는 인상'을 학습했을 가능성도 높다.

이는 '첨단 기술로 포장된 현대판 관상'인 것이다. 그러므로 우리는 '데이터 속 편견'이 '과학의 얼굴'을 하고 사람을 속일 수도 있다는 점을 유념해야 한다.

그런데 한 가지 흥미로운 연구 결과가 발표되었다. 미국 컬럼비아대학교 연구진이 진행한 '얼굴과 신뢰' 실험으로, 1급 살인범 400명의 머그샷(Mug Shot)을 준비했다. 400명 중 200명은 '사형 선고'를, 200명은 '종신형'을 선고받은 그룹이었다. 연구진은 400명의 머그샷을 1,000명의 실험 참가자에게 사전 정보 없이 보여주면서 '얼마나 신뢰할 수 있는 얼굴인가'를 평가하게 했다. 놀랍게도 '신뢰도 낮은 얼굴(입꼬리 처짐, 화난 눈썹 등)'로 선택된 이들이 실제 '사형 선고'를 받은 그룹이었다.

이러한 결과는 '얼굴 인상만으로도 판결이 달라질 수 있다'라는 점을 시사하는 것으로, 어느 정도 예측할 수 있다. 그런데 반대로 일부 참가자들에게 실험 전 '정보'를 학습시켰다. 가령 '거친 인상은 선행을 베푼 사람', '온화한 인상은 부정행위를 저지른 사람'처럼 말이다. 그 결과, **[외모, 신뢰도, 형량]** 간 연관이 사라졌다. 이것은 '인상은 훈련을 통해 교정될 수 있다'라는 사실을 밝힌 것이다.

<u>인간은 얼굴만 보고 '도덕'과 '신뢰'를 추정한다. 문제</u>

는, 이러한 편견이 범죄 사건처럼 중대한 결정에 작용할 수 있다는 것이다. 그러므로 우리는 의식적 학습과 훈련을 통해 편견을 줄여나가야 한다.

우리가 지금부터 해야 할 것은 자신의 결정 사항에 대해 합리적으로 되묻고, 스스로 판단하는 연습이다.

[1단계]
영화나 드라마에서 '겉모습과 행동이 어긋나는 인물'을 의도적으로 찾는다.
(예를 들어 '험상궂지만 선한 사람', '단정하지만 잔혹한 사람'을 선택한다.)

[2단계]
스스로 외모와 도덕을 연관 지을 때마다 '이건 편견이 아닐까?'라고 되묻는다.

[3단계]
1, 2단계를 반복하면서 '얼굴 = 성격' 연관성을 약화시킨다.

중요한 것은, 인물의 '얼굴', 즉 겉으로 보이는 표정과 외모에 의존하지 않고, 인물의 대화와 맥락, 행동을 함께 살펴보는 습관을 들이는 것이다.

또한, 인간의 '편견' 속에는 '나를 방어하려는 감정'이 담겨 있을 수도 있기 때문에 자신의 감정을 인식하고 판단하는 것도 필요하다. 인간의 편견은 AI 기술이 교정해 주지 않는다. 지금처럼 다양한 분야에서 AI가 대신 사고해 주는 시대일수록 '인간의 판단력'은 더욱 날카로워야 한다. 문제는 '도구(기술)'가 아니다. 그 도구를 쓰는 우리의 '눈'이 아직 원시적이라는 것이다. 그 '눈'을 키워서 편견을 버리고, 너 나아가 '보이지 않는 부분'까지 파악할 수 있어야 한다.

**'악'을 식별하는 것보다 더 어려운 건,
내 안의 '편견'을 분별하는 것이다.
나의 행동을 지배하는 편견에서 벗어난 순간,
비로소 우리는 '진짜 판단'을 시작할 수 있다.**

다크 트라이어드는 모두 범죄자인가

인간 내면의 어두움

앞 장에서 '범죄자를 겉모습으로 알아볼 수 있을까?'에 대한 결론은 사실상 '불가능'으로 마무리했다. 이번 장에서는 범위를 좀 더 좁혀 '다크 트라이어드'에 관한 이야기를 하겠다. '사이코패스, 나르시시스트, 마키아벨리스트' 그들은 모두 범죄자일까? 결론부터 말하면 '그렇지는 않다'이다. 가령 사이코패스는 정신질환이 아니라 '성향'을 나타내는 말이기에, 사실 누구라도 사이코패스 기질이 있다고 봐도 무방하다(이 책을 읽고 읽는 당신과 나조차

180

도). **<u>우리가 가장 경계해야 할 건 다크 트라이어드의 특징
과 성향에 대해 피상적(皮相的)인 개념으로 접근하는 것
이다.</u>**

　우선《다크 심리학》에서 소개한 다크 트라이어드들이
'나와 엄청 다를 것'이라는 생각을 버려야 한다. 사실 우리
는 일상에서 부딪히는 이기적이거나 불쾌한 사람에게 (의
식적이든 무의식적이든) '사이코패스, 소시오패스'라고 정
의해야 마음에 안정감을 찾는다. 그렇게 말하는 순간, 악
을 '타인의 세계'로 추방하기 때문이다. 즉 **<u>'악'을 '이해 불
가능한 영역'으로 밀어내야 자기 내면이 안전하다고 느
낀다.</u>** 하지만 그건 착각이다. 오히려 우리가 그렇게 부정
하는 순간, 악은 더욱 은밀한 형태로 우리 안에서 자란다.

　우리는 스스로에게 **<u>'나는 저들과 달라'</u>**라고 속삭인다.
그러나 현실은, 누구나 이기심과 자기애, 냉정함과 지배욕
을 지닌다. 다만 그것을 얼마나 세련되게 숨기느냐의 차이
일 뿐이다. 그래서 '사이코패스'라는 단어는 편리하다. 나
와 같은 인간이 아니라 '다른 부류의 존재'로 규정함으로
써 우리는 도덕적 면책(免責)을 얻는다. 사이코패스로 몰
아붙인 이를 미워해도, 조롱해도, 설령 두려워해도 상관

없다. 그는 이미 '비인간'으로 분류되었기 때문이다. 하지만 진실은, 우리가 혐오한 '그 얼굴'은 우리 안에도 존재한다. 단지 '윤리'라는 옷으로 감추고 있을 뿐이다. 그 옷이 벗겨지는 순간, 누구라도 다크 트라이어드 성향의 일부를 드러낸다.

필자는 전편《다크 심리학》이 불과 3개월 만에 10만 부 판매 돌파를 보며 한국 사회의 '집단적 감각'을 피부로 느꼈다. 독자들 역시 '내 주변에 나를 조종하고 통제하려는 자들이 많다'라는 것을 느낀 것이다. 만약 조종자, 즉 '악의 본질'을 알아가는 것이 두렵다면, 이를 회피할 게 아니라 자신의 페이스에 맞춰 시간이 걸려도 올바르게 이해할 것을 권한다(혹시 모를 불화를 막는 지름길이다).

다시 다크 트라이어드 이야기로 돌아가서 '다크 트라이어드 성향'은 누구에게나 있다. 그런데 그들 모두가 범죄를 저지르거나 타인에게 피해를 주며 살지 않는다. 문득 한국에는 사이코패스가 얼마나 되는지 궁금하지 않은가? 이에 대해 최명기 정신의학과 전문의는 다음과 같이 말했다.

"현실에서 사이코패스는 흔치 않다. 나를 해하는 '나쁜

사람들'은 대부분 겁이 없거나 충동적인, 그리고 공감력이 부족한 평범한 인간이다. 물론 '진단 기준'을 충족하면 거의 범죄를 저지르게 된다."

실제로 경찰청 발표에 따르면, 정신장애 범죄자는 총 8,850명으로 전체 범죄자의 0.7퍼센트이다(2021년 기준). 그만큼 현실에서 '진짜 사이코패스'를 만나기란 어렵다. 그런데 왜 사람들은 자기 주변에 사이코패스가 있다고 생각할까? 바로 '심리적 수요(Psychic Demand)' 때문이다. 우리는 누군가에게 상처받았을 때 그 사람을 '악인'으로 규정해야 마음의 균형을 유지할 수 있다. 그래서 '그 사람은 사이코패스야'라고 말하는 순간에 안심하게 된다.

상대방을 사이코패스라고 여기는 건 '자기방어'의 일종으로, 상대방에게 조종당한 사람들이 자신의 피해를 정당화하기 위한 심리적 장치이다. 또한 우리가 '악'을 이해하려는 이유도 사실 '통제력'을 되찾기 위한 것이다. 즉 그들(악인, 가해자)을 설명할 수 있다면 더 이상 피해자로 남아있지 않을 것 같아서다. 하지만 그들 역시 대부분은 '괴물'이 아니라 나와 똑같은 인간이다. 그래서 더 무섭다. 괴물은 멀리서 보고 피할 수 있지만, '인간 내면의 어둠'은 누구에게나 잠재되어 있으니 말이다.

**당신이 마주친 어두움은 '괴물'이 아니다.
모든 인간이 지닌 잠재적 본성 중 하나에 불과하다.**

관계에서의 경계 설정

우리가 다크 트라이어드들을 상대할 때 필요한 건 '현실 인식'이다. 앞에서 말한 것처럼 '사이코패스'라는 낙인을 지우면, 서로에게 가하는 무관심과 조종, 그리고 '자기합리화'가 남는다. 그렇다고 해서 모든 사람을 믿으라는 뜻이 아니다. 앞서 최명기 원장의 말 중 **"진단 기준을 충족하면 거의 범죄를 저지른다"**에 주목하여 '진짜 다크 트라이어드'를 판별할 수 있어야 한다. 만약 당신과 공적인 관계가 아닌데도 당신을 '반복적으로 통제하거나 조종'하려 드는 사람이 있다면, 이는 단순한 성격 문제가 아니다. 그 사람은 사이코패스적 '통제욕'이나 마키아벨리스트적 '계산성'을 지닌 다크 트라이어드 성향자일 가능성이 높다.

지금까지 1천여 명 이상의 흉악범을 대면한 권일용 프로파일러(Profiler)는 **"사이코패스 성향이 높은 사람은 상대방이 지금 무엇을 원하는지, 어떤 방식으로 접근해야 할지를 직감적으로 파악한다"**라고 말했다. 이 말처럼 우리가 일상에서 사이코패스 성향자의 수법을 상대하는 게 쉽지만은 않다. 가령 '가스라이팅에서 벗어나는 법'을 배워도 당장 적용되지 않는 건 당연하다. 만약 당신이 다크 트라이어드를 만나게 된다면, 그들의 마음과 사용하는 수법들을 소상히 이해해야만 당하지 않는다.

권일용 프로파일러가 희대의 연쇄살인마 강호순을 만났을 때의 일화다. 강호순은 대뜸 "나와 대화하려면 물이라도 들고 와야지, 맨손으로 오냐?"라고 말했다. 이에 권일용 프로파일러는 이렇게 대답했다.

"나는 너를 조사하러 왔다. 물이 필요하다면 주겠다. 그러나 네가 요구한다고 다 되는 게 아니다."

바로 권일용 프로파일러의 말속에 '답'이 담겨 있다. '진짜 사이코패스'는 짧은 순간, 사소한 것으로도 상대방의 심리를 지배하려고 한다. 문제는 나의 취약점을 간파당했기에 자신도 모르게 당하거나, 알면서도 당하는 경우가 많다는 것이다. **우리는 다크 트라이어드의 패턴과 신호를 정확히 읽고, 분명한 말과 행위로 '경계(Boundary) 설정'을 해야 한다.** 다크 트라이어드 성향자는 직접 명령하지 않는다. 대신 상대방 스스로 움직이게끔 '불안'을 자극한다. 당신이 불편함을 느끼는 그 순간부터 그들에게 주도권을 빼앗긴다.

따라서 가장 먼저 해야 할 일은 나의 감정을 인식하고 분리하는 것이다. 내가 느끼는 불안은 '진짜 위험'이 아니라 그들의 '조종'일 수 있다는 사실을 잊지 말라.

인간 내면의 불안은 '경고음'이지 진실이 아니다.

그리고 이때 필요한 건 반격이 아니라 '차단'이다. 그들은 감정의 교환을 통해 권력을 얻기 때문에, 당신이 교환 자체를 끊으면 속수무책(束手無策)이다. 혹시 '그걸로 되겠어?'라고 생각한다면, 그 의심을 거둬도 된다. 조종자는 당신의 반응을 '통제의 연료'로 쓰는데, 당신이 불안해하거나 두려워할수록 그들은 더 깊이 들어온다. 그러나 그들의 조종, 이를테면 부당한 지시에 맞서 '그건 제게 불편한 방식이네요. 제가 결정하겠습니다'라고 말하면, 그들은 '얘는 안 통하네, 재미없어'라고 생각한다. 굉장히 유치하게 보이겠지만 사실이다.

당신이 지금 다크 트라이어드 성향자와 얽혀 있는 상황이라면, 자신에 대한 정보를 최소한으로 노출하고, 불안과 두려움의 감정을 절대 보여주지 말라. 그들의 관계 방식은 '지배'이기에 결국에는 당신을 파괴하려 들 것이다. 또한 그들에게 시간을 할애하면 할수록 그들의 페이스에 말려들 수 있다. 권일용 프로파일러가 강호순에게 한 '경계 설정'은 곧 "너는 이 구역을 넘볼 수 없어"라고 선언하는 것과 같다. 굳이 그들과 논쟁하거나 설득할 필요도 없다. 무엇보다 고립되는 것이 가장 위험하기에 당신 곁에 든든한 '동맹'이 있다는 걸 보여주면, 그들은 스스로 알아서 사라질 것이다.

다크 트라이어드 성향자를 상대할 때 세 가지를 유념하라.

첫째, 감정이 아닌 '사실'과 '구조'로 대화하라.

둘째, 기록을 남기고, 물리적·심리적 거리를 두라.

다시 강조하지만, 다크 트라이어드 성향자는 당신의 불안(두려움)을 조종해 스스로 움직이게 만든다. 그러니 불안(두려움)을 숨기지 말고, 인지(Cognition)하는 능력으로 바꿔야 한다. 그 순간부터 당신은 그들의 먹잇감이 아닌 '판을 읽는 자'가 된다.

동기로 보는 연쇄살인의 유형

악의 평범성

인간이 '악'을 이해하려 할 때 흔히 저지르는 착각이 있다. 바로 악을 '특정한 존재(누가)'의 속성으로 보려는 것이다. 그러나 악은 '누가 저지르는지'보다 '어떤 구조가 만들어내는가?'를 알아야 한다. 즉 악을 단순히 개인의 기질(유전적 요인)이나 성향(상황·환경), 또는 일탈(逸脱)의 관점에서 바라보면, 우리는 악의 본질을 제대로 알 수 없다. 왜냐, 개인의 내면에서 일어나는 악의(惡意)는 언제나 심리적·사회적 조건의 상호작용 속에서 발생하기 때문이다.

그렇다면 '연쇄살인범들의 범행 동기는 무엇일까?' 이 질문은 절반만 맞고, 절반은 틀린 질문이다(질문 자체가 잘못된 전제를 두고 있다면 답을 찾기 어렵다). 사실 동기는 사건의 '표면적 이유'에 불과하다. 악을 설명하는 데 있어 '동기'는 현상적인 정보일 뿐, 그 이면에 있는 '심리 구조'를 설명하지 못한다. 우리가 '악의 본질'을 이해하려면 단순히 동기를 나열하고 분석하기에 앞서 범죄자가 타인(피해자)의 고통을 '감각'으로 느끼는지(공감력), 또는 감각을 '단순 자극'으로 전환해 받아들이는지를 따져봐야 한다.

다른 한편, 우리는 그냥 연쇄살인범의 범행 동기가 궁금한 것일 수 있다. 그러나 범죄 사건을 보도하는 뉴스나 미디어는 피해자의 고통을 '정보'로 받아들이게끔 자극적으로 만들기에(끔찍한 사건일수록 더욱) '악의 본질'을 파악하기 어렵게 만든다.

**'특별한 사람'이 악한 일을 하는 게 아니라,
'특정한 조건'에서 악행(범죄)이 발생한다.**

범죄심리학자들과 FBI 프로파일러들은 연쇄살인범의

범행 동기를 (겉보기에는 각양각색이지만) 크게 네 가지 유형으로 구분했다.

①권력과 통제 욕구

②쾌락과 욕망의 왜곡

③분노와 복수의 감정 폭주

④금전적 이득을 향한 계산적 사고

'범행 동기 유형'을 굳이 외울 필요까지는 없다. **중요한 건 어떤 욕구가, 어떻게 도덕을 회피하고, 무슨 방법으로 인간을 붕괴시키는지를 이해하는 것이다.** 그 이해 과정에서 보이는 '미세한 차이'를 미리 파악하는 게 중요하다.

'악의 시작'은 대부분 감정의 둔화(鈍化)에서 비롯된다. 처음에는 타인의 고통이 '안 느껴지는' 것이 아니다. 그저 귀찮고, 부담스럽고, 피하고 싶은 감정이 생길 뿐이다. 하지만 이런 '작은 둔화'가 반복되면 공감력이 떨어지고, 급기야 타인의 아픔과 자신은 별개라고 생각하게 된다. 사실 이런 현상은 범죄자에게만 나타나는 게 아닌 일반인들에게도 보여진다. 상대방의 감정이 무거워 보여 슬쩍 피할 때, '그건 저 사람 문제지'하고 선을 그을 때, 누군가가 힘들어해도 '나까지 신경 못 쓴다'라는 피로감이 쌓일 때처럼 말이다.

이렇듯 '악의 본질'은 감정이 사라지는 것이 아니라, 감정이 사라져도 '괜찮다'라고 허용하는 태도에서 생성된다. 그렇게 조금씩 '사라짐'을 허용할 때부터 자신이 어디까지 무너질 수 있는지도 모른 채 '깊은 어둠' 속으로 흘러가는 것이다.

'악'은 갑자기 생성되지 않는다.
조용하게, 반복적으로, 예측 가능한 방식을 통해
'단계적'으로 축적해 가면서 악이 생성된다.

악의 심리적 구조

'악의 심리적 구조'는 다음 네 가지로 나눌 수 있다. 이를 통해 '악'은 이해하기 힘든 존재에서 '예측 가능한 존재'로 전환할 수 있다.

(1) 대상화

연쇄살인의 첫 번째 심리 단계가 '대상화(타인 객체화)'[3]이다. 연쇄살인범은 피해자를 사물이나 숫자로 취급하면서 범죄에 대한 심리적 저항을 없앤다. 실제로 이들은 피해자의 이름을 모르거나, 살해 전에 대화를 피하는 등 피해자를 익명화하는 경우가 많다. 이는 피해자를 자신이 조종할 대상으로 여기는 것으로, 공감이나 죄책감을 차단하여 범죄를 저지르게 하는 전조(前兆)라고 볼 수 있다.

(2) 비인간화

인간을 '인간 이하로 치부하는' 태도나 과정이 '비인간화'이다. 미국의 심리학자 앨버트 반두라(Albert Bandura)는 "인간은 전기 충격보다 '짐승 같다'란 말을 들을 때 더 큰 충격을 받는다"라고 밝혔다. 범죄자는 언어를 통한 대상화, 타인을 '열등한 존재'로 취급하는 것만으로 도덕적 제약을 덜 느끼고, 평소라면 주저했을 잔혹한 행동을 쉽게 실행한다. 역사 속 집단학살도 '비인간화'가 작동한 것으

---

[3] 타인을 '내가 이해하기 쉬운 단순한 대상'으로 축소해 보는 경향이다.

로, 특정 집단을 '열등한 존재'로 규정해 대규모 살해를 일으켰다.

(3) 자기합리화

범죄자는 범행에 앞서 '자기합리화'를 준비해 죄의식을 덜어낸다. 가령 '책임 부인(내 잘못이 아니야, 환경 탓이야)', '피해 부인(실제로 피해준 게 없다, 당할 만한 사람이었다)', '가해 비난(나를 비난하는 사회가 위선적이다)' 등의 자기합리화를 통해 자신(범죄자)을 '나쁜 사람'이 아닌 '어쩔 수 없는 사람'으로 여기도록 만든다. 결과적으로 이들은 양심의 소리를 잠재운 채 범죄를 저지르고, 그 책임을 자신의 처한 환경과 학대받은 경험으로 돌리는 경우가 많다.

(4) 도덕적 둔감화

범죄자는 '감정의 둔화'와 '논리적 정당화'가 축적되면, 하면 안 되는 일을 '해도 되는 일'로 인식한다. 즉 스스로 용납하지 못했던 잔혹한 행위도 '내적 제동장치(양심, 죄책감 등)'가 풀린 상태에서 실행 가능한 것으로 재정의하는 것이다. 예컨대 총살 집행 과정에서 여러 명이 동시에 총을 쏘게 함으로써 죄책감을 분산시키고, 망설임 없이 방아쇠를 당기는 것과 비슷한 맥락이다. 이처럼 '도덕적 둔감화'로 개인의 양심이나 죄책감이 사라지면, 누구든 자기 신념과 상반되는 악행도 저지를 수 있다.

<u>악은 멀리 있는 것이 아닌 우리 '일상'과 맞닿아 있다.</u> 이 말을 달리 해석하면, '평범한 사람도 악을 행할 수 있다'라는 의미다. 흔히들 말하는 '악의 평범성'이란 결코 악의 성격이 평범하다는 뜻이 아니라, 평범한 사람의 모습에서 악이 드러날 수 있다는 것이다. 어쩌면 이 책을 읽는 독자분 중 '연쇄살인범'에 관한 부분을 읽을 때 불편함을 느낄 수 있다. 그들의 행동이 너무 비현실적이어서가 아니라, 오히려 '인간적'이기 때문이다('인간적'이란 단어에 오해 없길 바란다.). 사실 그들 역시 우리와 같은 일상적인 욕구(불안, 분노, 결핍 등)를 지닌 것에 불과하다. 다만 그 욕구가 파괴적인 방향으로 발전되었을 뿐이다.

따라서 '악의 본질'은 다음 한 문장으로 정리된다.

악은 괴물이 아니라 '조건'이 만든 인간이다.

그러므로 악을 막으려면 '괴물'을 연구하기에 앞서 인간이 부서지는 조건과 환경을 살펴봐야 한다. 핵심은, 인간이 어떻게 움직이는가 보다는 '무엇'이 인간을 움직이게 하는가에 있다.

최악의 미제 사건,
그 어두운 진실

대한민국 역사상 최악의 연쇄살인으로 불리는 3대 미제(未濟) 사건이 있다. '대구 성서 초등학생 살인 사건(1991년)', '이형호 군 유괴 살해 사건(1991년)', '화성 연쇄살인 사건(1986년~1991년)'이다. 그중 가장 악명 높았던 화성 연쇄살인 사건은 2019년 진범 이춘재가 잡히면서 어두운 진실이 드러났다. 참고로 봉준호 감독의 2003년 영화 〈살인의 추억〉은 이춘재의 존재가 드러나기 전, 대표적인 장기 미제 사건이었던 '화성 연쇄살인 사건'을 모티브(Motive) 한 작품이다.

'연쇄살인마 이춘재'는 화성 연쇄살인(12건)을 포함해 총 49건의 살인과 강간을 저질렀으며, 자신의 범죄사실 일체를 자백했다. 이번 장에서는 사건의 일대기와 이춘재의 자백, 심문 내용을 넘나들며 '악마'라 불리는 자의 사고 방식과 국내 미제 사건의 '어두운 진실'을 이야기하겠다.

연쇄살인의 재구성

"무책임하게 들릴 수 있겠지만, 어디에서 들은 얘기나 남이 한 얘기를 말하는 것 같은 기분입니다. 특별한 생각은 없습니다. 피해자들의 죽음은 그들의 운명 같습니다."
_이춘재의 자백 중에서

(1) 공포의 실험자(1986년 2월~7월)

1986년, 경기도 화성의 밤은 조용했다. 하지만 그 어둠 속에서 누군가가 살인을 '연습'하고 있었다. 그의 이름은 이춘재, 당시 스물한 살로 군 전역 후 공장에서 일하는 노동자였다. 낮에는 공장 동료들과 별반 차이 없는 평범한 청년이지만, 밤이 되면 그는 묘지 근처와 논둑길을 걸으며

‘두려움’이라는 감정을 관찰했다. 그의 첫 범행은 충동이 아니었다. 그건 ‘반응 실험’이었다. 피해자의 숨소리와 떨림, 울음…. 이춘재는 그것을 하나의 데이터처럼 기록했다. 그렇게 두려움을 설계하고, 공포를 통제하는 법을 배워갔다. 그날 이후 이춘재는 인간의 반응을 ‘예측 가능한 것’으로 여겼다. 이것이 ‘화성 연쇄살인 사건’의 서막이었다.

‘악’은 그렇게 연습을 통해 자란다.
항상 타인의 고통보다 자신의 권력을 먼저 배운다.

(2) 살인으로의 전이(1986년 9월~12월)

공포만으로 만족하지 못한 이춘재는 통제의 마지막 단계, ‘생명’을 시험했다. 밭에서 돌아가던 71세의 여인을 덮쳤다. 속옷으로 결박하고, 성폭행 후 목을 졸랐다. 그 순간 이춘재는 “죽음으로써 완벽한 통제가 완성된다”라고 느꼈다. 그렇게 살인은 연달아 이어졌고, 피해자들의 연령대는 20대에서 70대까지였다. 그에게 ‘대상’은 중요하지 않았고, 오직 ‘결과’를 원했다. 즉 살해의 과정이 아니라 ‘통제의 결과물’에 스스로 도취했다. 당시 경찰은 1만 명을 동원했지만, 이춘재는 잡히지 않았다. 그건 단지 운이 아니라, 계획된 통제의 연장선이었다. 그는 수사의 속도까지 예측하며 움직였다.

(3) 무차별적 쾌락(1987년~1988년)

1987년 1월, 19세 여고생 홍모 양을 살해했다. 이춘재의 살인은 분노의 발로(發露)가 아니었다. 감정 없는 반복과 루틴 속에 공장 여성 노동자, 중년의 농부, 심지어 여중생까지 살해했다. 누구든 상관이 없었다. 여덟 번째 피해자 P양은 자기 집에서 살해당했다. 그는 창문을 타고 들어가 잠자는 아이를 조용히 목 졸랐다. 그의 감정은 완벽히 사라졌고, 인간은 그저 '움직이는 인형'이었다. 이때 잘못된 수사로 무고한 사람이 붙잡히고, 경찰은 '모방범죄'라 발표했다. 정작 진범은 경찰에게 무죄 선고받은 셈이다.

"돌아다니다가 자연스럽게 여성들을 범행했지만, 범죄라고 생각하지 않았다. 그들을 통제하는 행위에서 만족감을 느꼈다."

_이춘재의 자백 중에서

(4) 사회 속의 악마(1989년~1991년)

1989년, 이춘재는 강도미수 혐의로 징역 1년 6개월을 선고받았으나 집행유예로 풀려났다. 그가 감옥에 있던 6개월간 살인이 멈췄지만, 풀려나자마자 살인은 재개됐다. 1990년 11월 14세 K양과 1991년 1월 청주에서 17세 L양이 연달아 같은 수법으로 살해되었다. 연쇄살인마 이춘재도 가족이 있었고, 어엿한 아들이었다. 그는 '착하고 말 잘 듣는 아들', '예의 바른 청년'이라 여겨졌다. 이렇듯 그는 사회가 만든 '정상성의 가면'을 뒤집어쓴 채 살아갔다. 1992년 A씨와 결혼한 이춘재는 마지막 살인을 저질렀다. A씨의 여동생(처제)을 성폭행하고 살해한 후 시신을 동네 철물점에 버렸다.

"나는 왜 안 죽였는지 의문이에요. 이춘재는 두 얼굴을 지녔어요. 낮에는 수줍은 색시 같았지만, 밤이면 악마로 돌변했죠. 자기 루틴이 있는데 뜻대로 안 되면 나에게 화풀이했어요."

_이춘재 전처의 증언 중에서

(5) 침묵을 깬 자백(2019년)

이춘재는 A씨의 여동생을 살해한 혐의로 무기징역을 선고받았다. 그는 교도소에서 '모범수'로 분류되었다. 그리고 복역 중이던 2019년 연쇄살인의 진범으로 특정됐다. 완벽했던 그의 수법도 DNA까지 속이진 못했다. 경찰 수사관 앞에서 이춘재는 담담하게 말했다.

"내가 했어요. 전부 다. 큰 틀에서는 모두 기억하지만, 세부적인 건…"

모범수로 복역하면서 가석방을 꿈꿨던 이춘재는 자신이 연쇄살인마라는 사실이 밝혀진 후 본색을 드러냈다. 겉으로는 "피해자와 유가족에 대해 죄송한 마음으로 반성하면서 남은 생을 살겠다"라고 말했지만, 그가 취한 행동은 정반대였다. 교도관에게 커피 심부름을 시키고, 자신은 꾸준히 운동해 왔다면서 갑자기 일어나 손바닥을 발에 대는 등 유연성을 자랑했다. 심지어 자신이 청와대에 편지를 보낼 것이며, 재심(再審) 증인으로 나갈 때는 포토 라인에서 기자회견을 열겠다고 큰소리쳤다. 이는 자신이 경찰 인사(人事)에까지 영향을 미칠 수 있는 사람인 듯 스스로를 과시하는 태도였다. 이런 이춘재의 행동은, 자신은 '죄인'이 아니며 오히려 '권력'을 쥐고 있다는 심리에서 비롯된 것이다.

이춘재의 심리 분석

이번에는 이춘재의 발언을 토대로, 그에게 어떤 심리가 있는지 하나씩 풀어보자.

'어디에서 들은 얘기나 남이 한 얘기를 말하는 것 같은 기분이다.'

→ **전형적인 '감정 분리(Emotional Detachment)' 반응이다.**

이춘재는 자신의 범행을 마치 타인의 이야기처럼 서술한다. 이는 트라우마나 회피가 아니라 '범행한 자신'을 '현재의 자신'과 분리하여 죄책감을 느끼지 않고, 동시에 '분석자처럼' 군림하는 것이다. 즉 그는 '죄인'에서 '관찰자'의 자리로 옮겨 앉는다. 이것은 수치심을 피하기 위한 방어기제가 아니라, 지능형 사이코패스가 즐기는 '자기 이미지 조정' 행위다. 그가 말하는 모든 문장은 '죄의 주체'인 자신을 지우려는 수법으로 짜여 있다.

'피해자들의 죽음은 그들의 운명인 것 같다.'
→ 사이코패스보다 상향된 것으로, 스스로를 '신격화한 자아'의 흔적이다.

마치 '신'이 인간의 죽음을 결정하는 듯한 문장이다. 이춘재가 느끼는 쾌감은 살해 순간이 아니라, 피해자를 향한 '절대적인 통제감'이다. 즉 '운명'이라고 포장했지만, 이 말의 진짜 주어는 '나(이춘재)'다. 스스로 자신의 존재를 '신'의 반열(班列)에 올린 동시에 진심으로 그렇게 믿는 것이다.

'운동 잘하고, 유연하다'라고 자랑하는 행위
→ 신체 동작을 보여주는 것은 자신의 '지배력을 과시하는 행위'이다.

이춘재는 감시받는 상황에서조차 수사관을 상대로 '권력 게임'을 하는 것이다.

다른 사례로 이춘재는 '문장 완성 검사'에서 **[내가 바라**

는 여인상은: 예쁜 손을 가진 순수한 여자]라고 적었다. 여기서 '예쁜 손'은 순수함과 무력함을 함축한 것으로, '내가 더럽힐 수 있는 깨끗한 대상'이다. 또 다른 문장 완성 검사로 [내가 어렸을 때는: 순수한 마음을 가진 순박한 시골 소년]이라고 적었다. 이에 대해 당시 수사관은 "자신의 범행을 합리화하기 위해 지어낼 이야기일 가능성이 높다"라고 말했다. 즉 이미 사람을 살인하고 지배하고 싶은 욕구에 중독된 것이다.

이춘재가 원하는 건 오직 '지배 가능'한 관계이다. 그가 교도관에게 커피 심부름을 시키거나 청와대에 편지를 보내겠다고 말한 것도 같은 맥락이다. 그는 스스로 '게임의 설계자'처럼 굴면서 상대방을 조종하려고 한다. 연쇄살인마 이춘재의 심리를 간단하게 정리하면 다음과 같다.

"나는 욕망하지 않았다. 단지 '통제(살인)'했을 뿐이다. 그리고 '그들(피해자)'은 자신의 운명을 따른 것이다."

이춘재는 충동형 범죄자가 아니라 '신(神)적 통제 환상'을 가진 권력형 사이코패스다. 스스로 '권력자'임을 과시하고 싶은 심리에서 나타난 그의 언어와 몸짓, 농담, 심문 반응은 모두 자기 우위의 질서를 재구성하려는 행동이다.

한 수사 자료에 따르면, "사람이 살인을 저지르는 이유에는 세 가지 있다. 바로 '원한, 돈, 정치적 목적'이다. 그런데 이 세 가지로 설명되지 않는 살인이 발생했다면, 진정한 '악의 실체'를 탐구해야 한다"라고 밝혔다. 2000년대 중반 발생한 '정남규 연쇄살인 사건'이 있다. 당시 정남규는 특별한 목적 없이 무차별적으로 살인했으며, 다른 연쇄살인범과 자신을 비교하며 '왜곡된 우월감(쾌락형 살인)'을 드러냈다.

이런 부류에게 살인은 목적이 아니라 '심리적 통제 불능'의 결과물이다. 실제로 정남규는 수감 상태에서도 살인 충동을 호소하며 극도의 불안증상을 보였다. 결국 그의 마지막 살해 대상은 자기 자신이었다. 그는 서울구치소 독방에서 스스로 목숨을 끊었다. 악은 처음부터 완성된 형태로 존재하지 않는다. 그 시작은 다르겠지만, 대체로 **'분노 → 무감각 → 쾌감 → 습관 → 통제 상실'** 순서를 따른다(물론 대부분의 사람이 분노를 참지 못해 '살인마'가 되지는 않는다.).

필자는 가끔 이런 생각을 한다.

'지금 이춘재나 정남규 같은 살인마는 사라졌지만, 그와 같은 감정은 여전히 우리 안에서 진화하고 있다. 누군가는 말로, 누군가는 무관심으로, 누군가는 권력으로 말이다.'

인간은 선과 악의 양면적 인자(因子)가 있으며, '악'은 인간의 한 부분으로 존재한다(행위나 태도, 성향으로 나타난다.). 결국 자신의 내면에 악함이 있어도 그걸 '통제하느냐, 마느냐'의 차이일 뿐이다. 누군가는 칼로 사람을 죽이지만, 또 다른 누군가는 맛있는 음식을 만드는 도구로 활용한다. 진부한 이치지만, 우리가 '악'을 바라볼 때 간과하지 말아야 할 점이다.

**악은 외부로부터 오는 바이러스(Virus)가 아니라,
자기 내면의 '감정 조절 실패'가 진화한 결과다.**

Chapter 4

힘의 논리가
지배하는 세계

게임의 룰을 만든 자는
결코 패배하지 않는다

게임의 룰은 무엇인가

인생을 살아가며 새삼 깨닫는 사실은 '인생은 게임과 같다'라는 것이다. 이미 앞 장에서도 그 의미를 설명했고, 이 책을 읽는 독자분들 역시 동의할 것이다. 매일 같이 '게임판'을 마주한 현실에서 이번 판을 깨야만 다음 판으로 갈 수 있고, 지금 판을 깨지 못하면 '같은 판을 반복'해야 한다. 물론 '쉽게 다음 판으로 가는' 방법도 있다. 바로 아이템을 구매(이른바 '현질')하는 것이다. 그러려면 돈이 필요하고, 돈이 없다면 '노력' 외에는 방법이 없다. 마찬가지로 인생에서 돈은 다양한 이유로 필요하며, 나의 노력 여하에 따라 삶의 질이 달라진다.

그렇다고 해서 인생이 '진짜 게임'은 아니다. 물론 승자와 패자, 목표와 경쟁 등 '설정'은 같지만, 목적과 구조 등 핵심 요소에서 큰 차이가 있다. 가령 게임의 목적은 '클리어(Clear)'로, 실패해도 '재시작이 가능'하다. 그러나 인생은 각자의 목적에 따라 자기 '삶의 방향'을 정하고, 그 방향을 잘 잡아야만 '살아남는 구조'다. **즉, 인생은 게임보다 '선택지'가 많으며, 비교적 '자유롭게' 선택할 수 있다.**

그런데 대부분의 사람도 그 차이를 알고는 있다. 그럼에도 자기 인생을 게임에 비유하는(또는 실제 게임에만 몰두하는) 이유는, 인생(현실)의 '불확실성'과 감정적 부담감을 게임처럼 '통제 가능한 영역'으로 재구성하고 싶은 '심리적 편의성'이 작용해서다.

인생에 주어진 '자유'와 '선택'의 이면에는 '불확실성'과 '복잡함'이 내포되어 있다.

인간은 태어나면서부터 참가하게 된 '인생 게임'에 지쳤기 때문에 종종 회피하고 싶은 마음도 든다. 그도 그럴 것이, 현대 사회는 '비교'가 일상화되어 개인의 불안을 키우는 구조로, 오직 '경쟁'을 성공의 기준으로 바라본다. 학생 때는 성적표로, 직장인은 연봉으로, 부모는 자녀의 스펙으로 경쟁하면서 '살아남는 자가 강한 것'이란 말에 따라 다들 더 빨리 달리려 한다. 더 많은 자격증, 더 높은 연봉, 더 화려한 스펙을 쫓으며 자신이 '성공'을 향해 질주하고 있다고 믿는다. 하지만 아무리 열심히 달려도 성공은 보장되지 않으며, 자신의 노력 부족이란 생각에 분노와 좌절이 쌓인다.

그런데 다들 게임에서 이기려고만 할 뿐(성공만을 꿈꿀 뿐), '게임의 룰'을 이해하지 못한 이들이 많다. 나아가 '누가' 룰을 만들었는지조차 묻지 않는다. (물론 이 사회는 '제한된 자유'와 '정해진 선택'이 존재한다는 사실을 아는 이들도 있다. 《다크 심리학》을 선택한 독자분처럼 말이다.) 우리가 달리고 있는 트랙(Track)은 이미 '누군가'가 깔아둔 것이다. 우리는 '경쟁'이라는 이름 아래 자발적으로 피를 흘리지만, 그 경쟁조차 설계된 것이다.

그렇다면 '룰'이란 정확히 무엇일까? 법과 제도 같은 명시적 규칙인가, 아니면 사람들이 당연히 그렇다고 믿는 '생각의 틀'인가? 만약 후자라면 진짜 권력자는 법을 만드는 사람이 아니라 '당연함'을 (사회적 신념의 형태로) 설계한 사람이 아닐까?

'패배'는 실력의 문제가 아니다.
'판'을 설계했느냐, 그 판 위를 달리느냐의 차이다.

권력의 진짜 형태는 조종이 아닌 '자발적 복종의 구조'다. 영화 〈오징어 게임〉 속 '깐부 오일남'을 떠올려보자. 오일남(오영수 분)은 단지 게임을 설계하고, 상금을 걸어 '기준'을 정했을 뿐이다. 모두가 그 기준을 향해 달리며 서로를 밀쳐낼 때 그는 아무것도 하지 않았다. 왜냐, 그의 목표는 '이기는 것'이 아니라 '모두가 이기기 위해 움직이게 만드는 것'이기 때문이다. 그는 싸움을 멈추게 하지 않는다. 대신 싸움이 계속되도록 시스템을 짠다. 게임의 룰을 만든 자는 패배하지 않기 때문이다.

욕망과 통제, 니농의 사례

17세기 프랑스, '사교계의 여왕'이라 불린 니농 드 랑클로(Ninon de l'Enclos)의 사례를 통해 한 개인이 어떻게 권력을 얻었는지 이야기하겠다. 니농은 프랑스의 국왕 루이 14세에게 조언할 정도로 지성(地性)이 풍부했는데, 이는 곧 권력의 한 형태를 말한다. 당시 프랑스는 유럽의 최강국이자 '절대왕정' 시기로 모든 권력이 국왕에 집중된 시대였다. 이 시기에 정비된 관료제는 현대 사회체제의 기본이 될 정도로 탄탄했지만, 화려한 궁정문화[4]처럼 권력층의 지배가 세련된 형태로 이루어졌다. 즉 귀족 등 최상위층은 호화로운 의복과 향수로 자신을 포장했지만, 그들의 삶은 '하향식 권력 구조'에 갇혀 있었고, 특히 여자는 약자인 시대였다.

이른바 '남자는 소유하고, 여자는 소유되는' 구조에서 니농은 순종(결혼)을 거부하고 '통제'를 택했다. 어린 시절,

---

[4] 왕실·귀족 등 최상위 지배계층이 권력과 부를 상징하는 회화·조각·가구 등으로 화려하게 장식하는 문화 현상이다.

그녀는 아버지의 결투와 추방을 목격하며 세상의 냉혹함을 깨달았다. 또한, 남자들은 권력을 잡아도 언제나 '욕망'의 손아귀에 흔들린다는 사실을 파악하고 이내 결심했다.

'나는 그들의 욕망 위에 설 것이다.'

니농은 사교계의 화려한 무대에 등장했다. 그런데 니농은 단 한 번도 '사랑받는 여자'로서 머물지 않았고, 반대로 '사랑을 조종하는 여자'가 되었다. 즉 자신을 탐내는 남자들에게 '나를 얻을 수 있다'라는 가능성만 주었을 뿐, 그 문을 쉽게 열지 않았다. 그러자 당시 '힘 있는' 귀족이나 정치가, 시인, 철학자들이 니농의 집에 모여들었다. 그들은 '문화 후원자'라는 이름으로 그녀에게 돈을 바쳤고, 그녀는 그들과의 대화를 통해 '권력의 언어'를 배웠다. 그리고 중요한 사실을 깨달았다.

사람들이 원하는 건 사랑이 아니다.
통제할 수 있는 '사랑의 환상'을 원한다.

니농의 인기와 명성이 퍼져나갈수록 상류층 여성들은 분노했다. 한낱 사교계 여인이 남자들의 마음을 쥐락펴락

한다는 사실이 자존심을 건드린 것이다. 그러나 남자들은 아랑곳하지 않고 여전히 니농의 '계산된' 냉정함과 거리두기에 더욱 매혹되었다. 남자들은 그녀의 눈빛을 '약속'으로 착각했고, 그녀의 침묵을 '거절이 아닌 유혹'으로 해석했다. 그 미세한 차이가 그들의 욕망을 불태웠다. 니농을 중심으로 모인 남자들은 두 부류였다. 언젠가 그녀의 선택을 받을지도 모른다는 '기다림의 신봉자'들, 그리고 그녀의 '일부분이 된 헌납자'들이었다. 어느 쪽에 속하든 그들은 모두 같은 착각에 빠져 있었다. **그녀를 '가진다'라는 꿈이 아니라, 그녀의 세계 안에 '존재한다'라는 자부심 말이다.**

'모두에게 가능성을 주되, 누구에게도 확신을 주지 않는 것.'

이것이 니농의 전략이었다. 그녀는 그들에게 '선택권'을 주는 척하며, 모든 선택을 통제했다. 이에 남자들은 각자의 방식으로 그녀를 떠받들었고, 그녀는 그들의 욕망을 자신의 권력으로 바꿔냈다. 즉 그들은 선택하고 있다고 믿었지만, 실상은 그녀의 게임판 위에서 움직이는 말에 불과했다. 심지어 그들은 니농에게 돈을 바쳤고, 이를 특권이라 여겼다. 하지만 그녀의 진짜 목적은 돈이 아니라 '관계의 주도권'을 쥐는 것이었다.

니농은 모든 인간관계를 '지불인, 순교자, 총애받는 자'로 분류하여 각각 통제했다. '지불인'은 그녀의 삶을 유지하는 물질적 기반이었고, '순교자'는 그녀를 중심으로 맴도는 충성의 행렬이었다. '총애받는 자'는 일시적인 승자였을 뿐, 곧 더 큰 불안에 빠졌다.

"당신은 나를 가질 수 있어요. 하지만 내 선택이 먼저예요."

니농의 이 말은 상대방의 자존심을 지켜주지만, 동시에 '통제권'을 완전히 빼앗았다. 사람들은 늘 선택을 원하지만, '선택지'가 많으면 불안과 공포를 느낀다. 니농은 그 불안과 공포를 이용했다. 그녀의 연인들은 점점 그녀의 승인 없이는 아무것도 결정하지 못하게 되었다. 그녀는 남자들의 욕망을 자극하면서 동시에 그들의 의존심을 강화했다. 그녀의 진짜 기술은 매혹이 아니라 '균형'이었다. 그녀는 절대로 과도한 애정을 보이지 않았고, 절대로 완전한

거절도 하지 않았다. 남자들은 자신이 선택했다고 믿었지만, 그들의 선택지는 이미 그녀가 설계한 게임판 위에 있었다.

**상대방의 '자유'를 보장하는 척하면서,
그 자유의 '경계'를 정하는 것.
이것이 진정한 '지배의 미학'이다.**

니농은 "인간은 사랑받을 때보다 '선택'받을 때 더 깊이 중독된다"라는 진리를 꿰뚫었다. 니농의 연인들은 그녀의 육체를 얻고 나서도 평안하지 못했다. 왜냐, 쾌락조차 그녀의 허락 위에 있었기 때문이다. 그녀는 '선택받지 못한 자의 고통'을 통해 자신을 신격화했다. 시간이 흘러 니농의 살롱(Salon)은 프랑스의 철학자, 예술가, 정치가들의 중심지가 되었고, 그들에게 사랑보다 존경을 받았다. 자신의 감정을 전략적으로 분리해 '감정의 주인'이 된 니농은 남자들의 노예가 아니었다. 오히려 남자들의 '욕망'이 그녀의 노예였다.

'욕망'은 자유로 태어나지만, '통제'로 완성된다.

우리는 '자유'를 믿고 갈구하지만, 대부분의 자유는 '허상'이다. '선택' 역시 누군가가 짜놓은 판 위에 올라서는 것과 같다. 우리에게 주어진 선택지는 항상 'A' 아니면 'B'로써, 그 너머의 'C'와 'D'는 생각조차 하지 않는다. 그런데도 사람들은 'A, B' 중 하나를 고르는 순간, 자신이 통제권을 얻었다고 착각한다. 그 착각이 바로 권력자가 원하는 것이다. 또한, 인간은 눈앞에 '선택지'가 있으면 그것을 진실이라 믿는다. '진짜 권력자'는 직접 명령하지 않는다. 단지 선택지를 줄인다. 그러면 사람들은 그 '좁은 길'을 걸으며 자유롭다고 말한다.

당신은 생각하지 않는다. 생각당한다.

나이라의 증언

1990년 10월, 미국 의회 인권위원회에 한 쿠웨이트 소녀가 증언대에 섰다. 소녀의 이름은 '나이라', 열다섯 살의 어린 나이였다. 나이라는 눈물을 흘리며 떨리는 목소리로 말했다.

"총을 든 이라크 군인들이 쿠웨이트 병원에 난입했어요. 그들은 인큐베이터에서 신생아들을 꺼내 차가운 바닥에 두곤 죽도록 방치했어요."

나이라의 증언에 언론은 '진실의 증언'이라는 타이틀로

“이라크군이 쿠웨이트인들을 살해하고, 강간하는 등 만행을 저지른다”라고 보도했고, 이를 접한 대중은 분노와 울분을 터뜨렸다. 또한 미국에서는 “쿠웨이트를 지원하기 위해 사담 후세인(Saddam Hussein)의 이라크군을 몰아내야 한다”란 여론이 높아졌고, 당시 미국의 조지 부시(George W. Bush) 대통령은 의회의 승인과 함께 미군 파병을 결정했다. 1991년 1월, 미국이 주도한 다국적군은 이라크를 응징하기 위해 전쟁을 시작한다. 일명 ‘사막의 폭풍’ 작전이 시작되면서 전쟁의 막이 올랐다(제1차 이라크 전쟁).

결국 이 전쟁은 미국의 압도적인 승리로 끝났지만, 문제는 나이라의 증언이 모두 ‘거짓’이란 사실이 뒤늦게 드러났다. ‘진짜 진실’은 미국의 홍보 회사(힐 앤드 놀튼)가 쿠웨이트 정부를 위해 꾸민 홍보 작전으로, 그들은 나이라에게 각본을 외우게 하고, 눈물을 흘리는 각도마저 연습시켰다. 더 충격적인 것은 나이라는 쿠웨이트 왕족이자 주미 쿠웨이트 대사의 딸이었다. 즉 쿠웨이트 정부가 미국의 홍보 회사를 통해 나이라에게 거짓을 말하게 하고, 미국은 이를 명분으로 전쟁을 정당화한 것이다.

단 한 번의 방송과 여론으로 전쟁이 만들어졌고, 모두가 속았으나 그 누구도 사과하지 않았다. 이것이 권력의 '진짜 무기'다.

폭탄보다 강한 건 '믿음'이다.
또한, 그 믿음은 '누군가의 손'에 의해 설계된다.

총이 아닌 '이야기'로 쓰여진 메시지는 우리의 무의식에 잠입하여 모든 것을 조종한다. 이는 고도의 높은 수준의 심리 조작 기술이다. 당신이 어떤 생각을 하고, 어떻게 행동 할지 예측하고, 그 의도대로 진행되도록 만들기 때문이다. 대부분의 사람은 말한다.

"나는 내 판단으로 살아간다."

그러나 심리학은 그 믿음을 부순다. 인간의 사고는 자유의지가 아니라, 자극의 누적 반응이다. 가령 당신이 차를 살 때, 그것은 연비나 기능의 문제가 아니다. 직장 동료가 탄 차, 좋아하던 사람의 취향, 광고 속 모델의 미소, 사람들의 입소문과 평가까지, 당신의 무의식 속에 누적되어 선택에 영향을 끼친다. 결국 '나의 선택'이라는 착각을 낳는다.

**당신은 합리적으로 '결정'했다고 믿는다.
그러나 이미 '프레임'은 만들어져 있었다.**

당신의 자유(선택)는, 당신의 감정, 신경계, 시선의 각도까지 설계된 공간 안에서만 허락된다. 즉 당신이 '선택하는 것'이 아니라 반대로 '선택당하는 것'이다. 권력은 그렇게 '보이지 않는 힘'으로 존재한다.

프로파간다

'보이지 않는 힘'을 대중적으로 입증한 사람은 에드워드 버네이스(Edward Bernays)이다. 버네이스는 당시 대기업 PR의 홍보 수석으로 활동했는데, 그는 늘 인간의 '욕망' 자체를 설계하였다. 가령 '담배 피우는 여성'의 이미지를 설계해 담배 산업의 입지를 회복시켰다(자세한 설명은 뒤에서 다루겠다.).

버네이스는 원래 언론인이 되고 싶었지만, 우연한 계

기로 그의 인생이 바뀌었다. 제1차 세계대전에 미국이 참전하자, 그는 '공공정보위원회'에 고용되었다. 그의 임무는 국내외 여론을 움직여 전쟁 지지를 이끌어내는 '선전(Propaganda)'이었다. 그들이 내세운 메시지는 명료했다.

"미국은 유럽에 민주주의를 되찾기 위해 싸운다."

놀랍게도 그 선전은 대성공했다. 당시 미국의 우드로 윌슨(Woodrow Wilson) 대통령은 전쟁 영웅처럼 환호받았다. 언론은 찬양했고, 군중도 열광했다. 이를 목격한 버네이스는 이렇게 생각했다.

"전쟁을 위해 선전을 쓸 수 있다면, 평화를 위해서도 쓸 수 있다."

그는 '선전'에 내포된 부정적 이미지를 인식하고, '공공관계 자문가(Public Relations Counsel)'란 용어를 만들었다. 이것이 지금도 통용되고 있는 'PR(홍보)'의 시작이다. 그런데 사실 버네이스는 정신분석학을 창시한 심리학자 프로이트(Sigmund Freud)의 조카다. 그는 삼촌(프로이트)에게 받은 《정신분석학》 책을 읽으며 큰 충격을 받았다.

「인간의 행동은 의식이 아니라, '무의식적 욕망'에

의해 지배된다.」

이 문장은 버네이스를 완전히 사로잡았고, "이러한 심리를 이용하면 사람들의 '욕망'을 설계할 수 있다"라는 사실을 깨달았다. 그는 전쟁 당시 '선전'에서 얻은 경험과 프로이트의 '무의식 이론' 두 가지를 통해 '대중 조작의 설계자'가 되었다.

다음은 역사 속에서 벌어진 '프로파간다(선전)' 사례이다. 먼저 당시 대중이 처했던 상황을 전하고, 이어서 버네이스의 PR 사례를 이야기하면서 '선전이 홍보가 된 과정'을 설명하겠다.

(1) 거짓 정보와 언론 플레이

미국 연방수사국(이하 'FBI'로 통칭함)은 '옹호 저널리즘(Advocacy Journalism)'을 적극 활용했는데, 정부에 친숙한 기자들을 통해 '심리전'을 벌였다. 그들의 손끝에서 나오는 기사는 곧 '심리전의 무기'가 되었다. FBI 내부 문건에는 이런 지침이 나온다.

"지역 신문 협조자를 통해 적절히 조작된 정보를 흘려라."

1970년, FBI 마이애미 지부는 〈마이애미 헤럴드〉의 한 기자에게 "흑인 운동가 앤젤라 데이비스(Angela Davis)의 체포에 흑인 밀고자가 협조했다"라는 '허위 기사'를 쓰게 하자고 제안했다. 그런데 이 제안은 최종적으로 기각되었다. 그 이유는 '허위'여서가 아니라, '국익에 큰 도움이 되지 않는다'라는 것이었다. 즉 '효율성이 없다'라는 자체 판단으로 기각한 것이다. 〈워싱턴 포스트〉에 따르면 FBI는 '소문, 왜곡, 과장을 흘릴 기자'들을 체계적으로 관리했다. 그 결과 수많은 급진 세력은 '폭력적', '비이성적'이라는 누명을 썼고, 대중은 조작된 공포에 길들었다.

(2) 위조 편지와 이간질

때론 한 장의 편지가 참혹한 결과를 초래한다. FBI는 흑인 단체인 '흑표당(Black Panther Party)'과 그 경쟁 단체인 'US 조직' 사이에 서로를 자극하는 편지를 보냈다.

「그들이 너희를 배신하고, 경찰과 손잡았다.」

그 결과, 로스앤젤레스에서 총격전이 벌어졌고 다수의

인명 피해가 발생했다(1969년). 그리고 원인이 ‘FBI의 위조 편지’였다는 의혹이 짙게 남았다. 또한 내부 밀고자를 고발하는 ‘가짜 익명 편지’를 조직 내부에 뿌려 의심과 숙청이 일상화되도록 만들었다. 이것은 단순한 분열이 아니라, 사람의 ‘신뢰’를 조작해 조직 자체를 붕괴시키는 심리전이다.

(3) 모략과 모함

FBI는 ‘적’을 공격하는 데 ‘도덕의 한계’를 두지 않았다. 가령 그들은 인권운동가였던 마틴 루터 킹(Martin Luther King) 목사의 사생활을 캐내어 ‘익명의 편지’와 불륜 의혹 녹음파일을 보내며 협박했다. 편지의 마지막 문장은 섬뜩했다.

「네가 스스로 끝내라.」

또한 흑표당 지도부에게는 ‘동료가 FBI 앞잡이다’라는 거짓 투서를 보내 서로를 의심하게 만들었다. 비슷한 사례는 많다. 베트남 반전단체에는 욕설로 가득한 ‘위조 전단’을 뿌려 내분을 유도했고, 극우 백인 비밀 단체인 ‘KKK(Ku Klux Klan)조차 내부 권력투쟁을 조작해 지도자를 몰아내려 했다. 이렇듯 FBI는 자신이 만든 '적'까지도 모략과 모함으로 통제하였다.

(4) 합법을 가장한 불법

FBI는 사실상 법을 지키는 것 대신 '법을 수호한다'라는 얼굴로 움직였다. 가령 '영장 없는 도청, 사무실 침입, 사생활 도촬과 서류 절도'까지 일상화되었다. 한 번은 공산당 간부의 집을 몰래 도청하고, 그들이 읽는 신문을 구독해 행동 패턴을 분석했다. 이 모든 행위는 하나의 명분으로 정당화됐다.

"우리는 더 큰 악, '공산주의'를 막고 있다."

그들의 명분은 '법 위'에 있었고, 법은 오히려 그들을 숨겨주는 역할을 했다.

(5) 공포의 시대

1950년대 미국의 거리에는 공산주의를 '죽음의 해골'로 묘사한 포스터와 함께 이런 문구를 볼 수 있었다.

「그들의 '가면'을 벗겨라! 공산주의는 죽음이다.」

이것은 단순한 선전물이 아니라, 그 시대의 '정신 구

조'를 뜻한다. FBI 초대 국장인 존 에드거 후버(J. Edgar Hoover)는 당시 '공산주의 공포'를 극대화하여 흑인 인권 운동과 사회개혁 운동을 억누르는 명분으로 삼았다. 그렇게 미국은 '자유를 수호한다'라는 구호 아래 자국민의 자유를 침묵시켰다. 예컨대 '코인텔프로(COINTELPRO)'[5]는 단순한 감시 프로그램이 아니었다. 그것은 '권력이 진실을 조작하는 기술의 교본'이었다. 이에 대중은 속았고, 언론은 도구가 되었으며, 진실은 '국익'이라는 이름으로 검열되었다. 즉 '적'은 외부가 아니라, 내부에서 만들어졌다.

1971년 봄, 코인텔프로의 존재를 알게 된 미국 사회는 큰 충격에 빠졌다. '민주주의의 수호자'라 믿었던 기관이 사실은 국민의 생각을 감시하고, 조작해 분열을 유도한 것이다. 각종 비난 여론에 빠진 후버는 코인텔프로의 종료를 선언했다. 하지만 그건 이름만 바뀐 위장 해체에 불과했다. FBI는 이후에도 유사한 작전을 여러 차례 이어갔고, 2010년대에도 흑인 인권운동에 대해 '흑인 정체성 극단

---

5 미국 FBI가 국내 정치 단체를 감시·침투·불신·교란하는 목적의 비밀 작전 프로그램을 뜻한다.

주의자'라 부르며 '감시' 대상에 올려놓았다.

내부의 '적'은 체제 유지를 위해
언제나 '새로운 적'을 만들어낸다.

선전이 홍보로 바뀌는 과정

20세기 초, 산업화와 대량생산이 본격적으로 시작되자 사람들은 '더 이상 살 게 없다'라고 느끼기 시작했다. 그때까지 광고는 '필요성에 의한 구매'를 목적으로 상품의 기능과 실용성을 강조했다. 그러나 버네이스는 달랐다. 그는 늘 새로운 질문을 던졌다.

'<u>사람들에게 필요하지도 않은 것을 어떻게 팔 수 있을까?</u>'

그가 내린 결론은 명확했다.

필요의 문화에서 '욕망'의 문화로 옮겨가야 한다.

사람들이 새로운 것을 '원하게' 만들어야 한다는 것은 당시 매우 혁명적인 발상이었다. 버네이스는 프로이트의 심리학을 활용해 인간의 무의식적 욕망과 상품을 연관시켰다. 이를테면 자동차는 단순한 이동 수단을 넘어 '남성성'으로 연결했다, 마찬가지로 향수는 '사랑받고 싶은 욕구'로, 옷은 '자기표현'의 도구로 상징화했다. **이때부터 상품은 '필요'가 아니라 '자아(自我)'가 되었다.**

사실 1920~30년대의 미국, 특히 뉴욕 같은 대도시에 사는 사람들의 정체성은 '노동자'였다. 하지만 버네이스가 설계한 '심리적 질서'에 의해 노동자에서 '소비자'로 변해갔다. 이제 개인의 가치는 그가 무엇을 사고, 무엇을 소유하느냐로 결정되었다. 그는 **"인간은 이성보다 욕망으로 움직인다"라는 점을 이용했고, 대중의 무의식적 욕망을 끊임없이 건드리도록 미디어를 '심리 조작의 장'으로 만들었다.**

가령 미디어 광고에 등장한 여성은 이렇게 말한다.

"똑같은 옷만 입지 말고, 자신의 개성을 표현하세요.

이 광고가 주는 메시지는 단순했다.

「당신의 개성은 당신이 소비하는 방식으로 증명된다.」

이제 '자기표현'은 정신적 행위가 아니라 구매 행위가

되었다. 사람들은 '새로움'을 갈망했고, 낡은 물건은 '뒤처진 자신'을 상징했다. 오늘날 우리에게는 너무나 익숙한 마케팅 기법들이 당시에는 완전히 새로운 심리 실험이었다.

광고는 더 이상 정보를 주는 게 아니라 '욕망'을 설계하는 도구가 되었다.

이러한 변화는 놀라울 정도로 빠르게 일어났고, 몇 년 만에 미국 사회는 '생산'의 사회에서 '소비의' 사회로 전환됐다. 물론 사람들은 그 사실을 전혀 눈치채지 못했다. 그들은 단지 '자유롭게 고르는 것'이라 믿었지만, 실제로는 선택의 감정마저 설계된 것이었다.

물론 악명 높은 사례도 있다. 대표적으로 여성에게 담배를 팔게 만든 '자유의 횃불' 캠페인이다. 1920년대에는 공공장소에서 여성들이 담배를 피우는 건 '부도덕'하다고 여겨졌으며, 담배 회사들은 '여성 시장'을 잃고 있었다. 이에 버네이스는 심리학자들과 논의했고, 다음과 같은 결론을 내렸다.

"담배는 남성의 성기, 즉 '권력'의 상징이다."

버네이스는 여성이 담배를 피우는 것을 '남성 권력'에 도전하는 행위로 바꿨다. 그는 부유한 여성들을 모아 퍼레이드(Parade)를 벌이며 도중에 담배를 피우게 했다. 그리고 언론에는 이렇게 제보했다.

"여성 참정권 운동가들이 '자유의 횃불'을 든다."

언론은 이를 대서특필했고, 수많은 여성이 거리로 나와 그들을 따라 담배를 피웠다. 이렇게 '흡연'은 자유와 독립의 상징이 되었고, 담배 회사의 판매력은 높아만 갔다. 그런데 사실 버네이스는 흡연을 싫어했고, 자기 아내에게도 금연을 권유했다. 그는 사석에서 이렇게 말했다.

"이건 비즈니스야. 도덕은 사치지."

버네이스는 사람을 설득하지 않았다. 대신 그들이 스스로 설득당하도록 환경을 만들었다. 그의 공식은 단순했다.

① '욕망'의 상징을 만든다.

② 그것을 '자유'나 '교양'으로 포장한다.

③ 언론과 전문가를 동원하여 "네가 원해서 선택한 것"이라고 말한다.

버네이스가 뿌린 '씨앗'은 지금도 자라고 있다. 우리는 필요하지 않아도 사고 있고, 가진 것을 버려서도 '새것'을 원한다. 소비는 치료처럼 포장되고, 불안은 충동으로 해석된다. 그렇게 인간은 '통제 가능'한 욕망의 존재가 된다. 사실 소비는 단순한 경제행위가 아니라 '정치적 안정' 장치였다. 즉 사람들은 소비 행위를 통해 '생각'하지 않는다. 또한 소유가 곧 '만족'이 되면, 불의(不義)에 분노할 이유도 사라진다.

'불만'을 품은 시민을 '행복한 소비자'로 만드는 것, 그것이 진짜 '통제의 기술'이다.

이제 사람들은 공동체보다 자신과 가족을 우선하고, 이웃과의 비교에 몰두했다(민주주의는 조용히 마비되었다.). 권력 구조에서 지배층은 무지한 군중이 깨달으면 위험하다고 생각한다. 그래서 더욱 대중을 분산시키고, 소비하도록 만든다.

이와 관련해 버네이스는 자신의 저서 《프로파간다》에서 이렇게 밝혔다.

"대중의 습관과 의견을 의도적으로 조작하는 것은 민주주의 사회에서 필수적인 요소이다. 이 메커니즘을 조작하는 자들이야말로 진정한 통치자다."

즉 조종이 아니라 '설득된 착각', 명령이 아니라 '자발적 복종'이 근대 민주주의의 가장 세련된 형태였다. 지금의 세계는 여전히 버네이스가 설계한 구조 위에 있다. 광고, 캠페인, 콘텐츠, 트렌드, 밈, 그리고 이를 주도하는 크리에이터와 인플루언서 등, 단지 불리는 이름만 바뀌었을 뿐이다. 우리는 '내 선택이야'라고 믿지만, 그건 이미 시스템이 승인한 생각이다. 즉 스스로 생각하는 게 아니라, 시스템에 의해 '생각당하는' 것이다. 그리고 우리는 그것을 '진심'이라고 믿는다.

적을 함정에 빠뜨려라

미국과 베네수엘라 관계

미국은 오래전부터 중남미(라틴아메리카)를 '앞마당'이라 여겼다. '앞마당'의 사전적 정의는 '집 앞에 있는 뜰'이지만, '내 집'의 상징적 의미가 담겨 있어 집주인 허락 없인 아무도 들어올 수 없다. 이런 질서 체계가 무너지면 강력하게 제한하는데, **미국 입장에서 중남미는 외교 무대가 아닌 관리 대상이자 통제 구역이다.** 그런데 이 '앞마당'에 문제가 생겼다. 쿠바와 베네수엘라는 노골적으로 반미(Anti-Americanism) 노선을 걷고 있고, 그 틈에 중국과 러시아가들어와 군사적·전략적 발판을 만들고 있었다.

이것은 미국에 단순한 외교 갈등이 아닌 자국 안보와 직결된 중요한 문제다. 자칫 '앞마당을 통제하지 못한다'라는 인식이 퍼지면 미국의 국제적 영향력 감소와 절대 패권(Hegemony) 약화로 이어질 수 있으며, 이는 곧 '권위의 붕괴'를 의미한다. 그 붕괴의 중심에 베네수엘라가 있다. 원래 미국과 베네수엘라는 서로 협력하던 관계였다. 2000년대 초반까지 미국이 가장 석유를 많이 수입하는 나라가 베네수엘라였고, 베네수엘라는 반미 국가임에도 미국 문화의 영향을 많이 받았다.

두 나라 갈등의 주원인은 '석유 주권'이다. 베네수엘라의 원유 매장량은 약 3천억 배럴로 세계 1위지만, 문제는 양(Quantity)이 아닌 질(Quality)이었다. 베네수엘라 원유는 점성이 강한 중질유라 채굴도 어렵고, 정제도 까다롭다. 이 문제를 해결하려면 미국의 기술과 자본이 필요했다. 당시 미국은 셰일 혁명(Shale Revolution) 이후 세계 최대 석유 생산국으로 등극했다. 결국 두 나라는 손을 잡았는데, 미국 기업이 베네수엘라 원유를 캐어 정제한 후 미국에서 소비하는 구조였다.

이렇듯 미국은 '앞마당의 석유'를 확보했고, 베네수엘라
는 정권 안정과 국가 재정 확보를 위해 미국과 좋은 관계
를 유지할 수밖에 없었다. 이러한 관계는 수십 년간 유지
됐으며, (적어도 겉으로는) 평온했다. 그러나 우고 차베스
(Hugo Chavez)가 등장하면서부터 문제가 발생한다. 1999
년 베네수엘라 대통령이 된 차베스는 2019년까지 20년
동안 장기 집권하면서 베네수엘라를 독재와 반미, 빈민 국
가로 만들었다. 차베스가 바꾼 건 정책이 아닌 프레이밍
(Framing)[6]이다. 그는 자신의 권력을 유지하는 법을 너무나
잘 알았다.

베네수엘라는 계급 격차와 인종 차별이 뚜렷하게 나타
나는 나라다. 상류층은 백인(스패니시), 하류층은 유색인종
(메스티소, 인디오 등)으로 형성되어 오랫동안 정치적 혼란과
사회적 불안이 존재해 왔다. 유색인종 출신인 차베스는 하
류층, 즉 서민들의 분노와 박탈감을 건드렸다. 그가 선택
한 방식은 명확했다.

---

6 같은 사실을 어떤 관점으로 설명하느냐에 따라 전혀 다르게 해석하는 방식을 의
미한다.

그 적(Enemy)이 미국이었고, 차베스는 의도적으로 미국이 싫어할 행동만 골라서 했다. 가령 이라크를 방문하여 사담 후세인과 공개적으로 손을 잡았다. 석유 가격을 올려야 했고, 자국의 복지를 유지하려면 돈이 필요해서다. 하지만 미국의 눈에는 이렇게 보였다.

"감히 '앞마당의 나라'가 우리의 석유 질서를 흔들고 있다."

게다가 차베스는 9·11 테러에 대해 '미국의 자작극'이라 말하며, 미국에 큰 모욕을 안겼다. 이때부터 미국은 차베스를 불편한 지도자가 아닌 '위험한 인물'로 보기 시작했다. 또한, 차베스는 미국 기업들과의 관계를 '협력'이 아닌 '약탈'로 규정해 세금을 올리고, 지분까지 요구했으며, 자국 석유 기업의 국유화를 단행했다. 여기서 문제는 그 '방식'이었다. 미국으로선 정당한 보상 없이 사실상 미국 기업을 쫓아낸 것이기에 '도둑질'로 여겼고, 미국과의 관계는 급속히 악화되었다.

차베스의 그림자

점차 시간이 지나면서 차베스 정권은 쇠퇴를 맞이한다. 국유화와 시장 개입 등 차베스의 성급한 개혁과 정책 실패로 베네수엘라 경제는 흔들리기 시작했고, 2001년부터 반 차베스파(우파)의 조직적인 저항이 시작됐다. 급기야 2002년 우파 주도의 쿠데타로 차베스는 위기에 빠지는데, 백인 중심의 상류층은 물론 차베스를 지지했던 일부 중산층까지 들고일어난 것이다. 당시 쿠데타는 언론과 대기업의 지지를 얻은 반(反) 차베스파에 유리할 것으로 예측되었다. 그러나 좌우 양 진영의 다툼 과정에서 사상자가 발생하는 등 내전(內戰)을 우려한 우파의 항복으로 쿠데타는 실패하고 만다.

당시 미국은 반 차베스파인 쿠데타 세력을 지지하는 성명을 발표했으나 차베스파 특히 빈민층 30만 명이 차베스를 적극 지지하여 차베스는 국정에 복귀한다. 사실 차베스는 스스로 대통령 사퇴서를 내는 등 극단적으로 위기까지 몰렸지만, 마지막 순간에 기적처럼 살아난 것이다. 이 사건은 차베스의 인생을 바꾼다. 그리고 그는 확신한다.

'미국은 언제든지 나를 제거할 수 있다.'

그런데 차베스는 미국과의 타협이 아닌 적대적 관계의 고착을 택하고, 미국에 대한 극단적 반감으로 반미를 넘어 '혐미(嫌美)'가 베네수엘라의 '생존 전략'이 된다. 미국과 등을 진 베네수엘라에 선택지는 많지 않았다. 사실상 중국과 러시아 외에 군사 지원, 정치적 보호, 금융 안정 등 협력할 수 있는 나라가 없었다. 미국에 이런 상황은 '최악의 재앙'과 같았으니, 내 집 앞마당에 주적(主敵)이 들어온 셈이었다.

2013년 3월, 차베스는 암 투병 끝에 사망한다. 그런데 차베스는 죽었지만, 문제는 여전히 남아 있었다. 가령 차베스는 합법적인 국민투표와 개헌으로 대통령 연임 제한을 철폐하며 장기 집권의 길을 열었다. 즉 죽을 때까지 권력을 놓지 않으려고 했다. 문제는 특정 인물에 의존하게 되면 '개인숭배'로 변질되며 자신은 개혁가라 말하지만, 결국 독재자가 되기 십상이다. 심지어 차베스는 자신을 미화하는 프로그램('Hello President')을 통해 차베스주의 (Chavism)를 주입하여 국민을 분열시키고, 베네수엘라의 빈곤을 심화시켰다.

여기서 우리가 주목할 것은 '왜 권력을 잡으면 독재자가 되는가?'이다. 권력자들은 우리에게 '모범 답안'을 말한다. 정해진 자리에서 '제 역할'을 강요한다. 그러나 발전을 위해서는 스스로 정한 한계치를 넘어서야 한다. 그 방법을 다음 장에 이어서 설명하겠다.

승리는 행동 이전에 완성된다

미국의 '절대적 결의'

우고 차베스 사망 이후 니콜라스 마두로(Nicolas Maduro)가 권력을 이어받는다. 차베스는 일찌감치 자신의 후계자로 마두로를 낙점해 권력 대물림을 준비했다. 버스 운전사로 일하며 노동운동을 하던 마두로는 차베스에 의해 정치계 입문 후 외교부 장관, 부통령을 거쳐 권력의 정점에 올라섰다. 차베스의 후계자답게 반미 좌파 성향인 그는 '차베스주의'를 기반으로 장기 집권(독재), 제도 통제 및 장악(사법, 언론), 반대 세력 탄압 등으로 민주주의를 크게 훼손하였다.

이렇게 차베스가 뿌린 '문제의 씨앗'은 그의 후계자 마두로에 의해 완성된다. 여기에 '마약'이라는 폭탄이 얹힌다. 독재 체제를 유지하려면 군부의 충성이 필요하고, 군부를 묶어두려면 음지 경제의 이권(利權)이 필요하다. 콜롬비아에서 생산된 마약은 베네수엘라를 거쳐 미국과 유럽으로 흘러간다. 베네수엘라는 마약 유통의 핵심 경유지이기에 이러한 구조는 미국의 안보 악몽 그 자체였다.

이에 미국은 제재(금융, 에너지)를 가해 베네수엘라 경제를 처참하게 무너뜨렸다. 사실 베네수엘라의 경제 붕괴는 차베스 시절부터 시작된 석유 산업 국유화와 마두로의 과도한 복지가 원인이다. 국가의 생산력이나 외환보유고가 정책을 조력하지 못하면 국가 재정은 바닥나게 된다. 결국 마두로는 돈을 마구 찍어내는 방법을 선택하고, 돈(통화량)이 늘어나 그 가치가 하락한 베네수엘라는 초인플레이션(Hyperinflation)을 겪게 된다. 돈은 종이 쪼가리, 식량은 사치가 된 상황에서 약 8백만 명의 국민이 해외로 떠났다.

또한 대선을 둘러싼 부정선거 의혹에 빠진 마두로는 국내외적으로 '독재자'란 비판을 받아왔다. 그리고 그 끝에는 이를 계속 주시해 온 미국이 있었다.

2026년 1월 3일 새벽(미국 시각), 미국이 마두로를 체포해 미국 본토로 압송하는 일이 벌어진다. 물론 어느 정도 예견됐으나 이렇게 전격적으로 '절대적 결의 작전(Operation Absolute)'을 벌일 줄은 몰랐다. 미국 역사상 가장 놀랍고, 효과적이며, 강력한 군사력과 역량을 보여준 작전으로 '승리는 행동 이전에 완성된다'라는 사례였다. 이로써 미국은 미주 대륙을 세력권으로 삼고, 자국 '앞마당'에서의 지배권을 확보했으며, 중국 등의 영향력 확대 차단과 함께 '미국의 이익을 방어하겠다'라고 선언한 것이다.

그런데 베네수엘라에 대한 제재를 강화하던 상황에서 왜 미국은 마두로 정권을 전복했을까? 이는 대외적으로 강력한 메시지를 전달하려는 의도가 담겨 있다.

'미국의 규칙을 따르지 않으면, 국가를 운영할 수 없다.'

'미국 우선주의(America First)'를 강조하는 트럼프 대통령의 대외 정책에 '절대적 결의' 작전은, 그가 추구하는 신

(新)먼로주의[7] 등 모든 요소가 내포돼 있다. 심지어 마약, 불법 이민 등 트럼프의 정치적 혐오 목록을 완벽하게 충족하는 나라가 베네수엘라였고, 트럼프에게 마두로 정권은 외교 상대가 아닌 '제거 대상'이었다.

미국의 치밀한 단계적 전략

앞서 마두로 체포·압송 작전을 '전격적'이라 표현했지만, 사실 미국은 이미 단계적으로 계획을 설계하고, 상황을 분석한 후 재빠르게 실행한 '치밀한 전략'이었다. 미국은 마두로 정권 전복을 위해 '내부 붕괴'와 '외부 압박' 전략을 병행했다.

1) 내부에 의심 심기

미국은 군사 압박이나 금융 제재 등 단순한 제재에 그치

---

[7] 미국 트럼프 정부가 서반구 우위 회복을 위해 중국, 러시아의 남미 침투를 차단하려는 외교 기조로, '돈로주의'라고도 불린다.

지 않고, 마두로 개인을 직접 겨냥하는 방식을 택했다. 즉 마두로를 마약 및 테러 혐의로 기소해 공개 수배하고, 거액의 현상금을 내건 것이다. 현상금은 무려 200억 원 수준이었다. 그런데 현상수배 공지의 핵심은 '체포' 그 자체가 아니었다.

"가장 중요한 효과는 '의심을 내부에 퍼뜨리는 것'이다."

이때부터 마두로에게 가장 위협적인 존재는 외부의 적이 아닌 경호 책임자, 군 수뇌부 등 자기 곁에 있는 사람들이 된다. 이들 모두 '잠재적인 배신자'로서 언제, 어디서, 누가, 어떻게 자신을 배신할지 몰라 전전긍긍하는 상태에 놓인다. 그 결과 마두로는 자기 주변을 의심하게 되고, 권력 내부에는 긴장과 불안이 쌓이기 시작한다. 더구나 경제 제재는 이 흐름을 더 가속한다. 국가의 자금줄이 막히면 군부에 돌아가던 보상과 이권도 줄어들기에 두려움은 커진다. 이들의 충성은 신념이 아니라 대가로 유지되기 때문이다.

미국은 바로 이 지점을 노렸다. 베네수엘라의 돈줄을 끊어 내부 불만을 키우고, 동시에 '마두로를 배신하면 보상이 따른다'라는 메시지를 던졌다. **이는 내부에 '충성보다 이탈이 합리적인 선택'처럼 보이도록 만드는 것으로, 외부 압박 전 스스로 내부 붕괴를 유도하는 방법이다.** 그런데 실제로 '물리적 제거' 시도가 발생하기도 했다. 다만 미국의 공식 군사 작전이 아닌 전직 특수부대 출신 인원들이 민간 용병 조직의 신분으로 침투한 것이다. 결과적으로 이 시도는 실패했지만, 미국의 압박이 '실행 단계'까지 이르렀다는 점을 알 수 있다.

또한, 미국은 베네수엘라 최대 범죄 조직을 전면에 올려놓기 시작했다. 즉 해당 조직은 베네수엘라를 넘어 미국 본토까지 활동 범위를 확장하고 있으며, 미국의 치안과 국가 안보를 직접적으로 위협하는 요소로 인식했다. 트럼프는 이 조직을 국가 테러 조직과 같은 부류로 취급했는데, 그렇게 되면 마두로 정권 자체가 정상적인 국가 권력이 아닌 테러 조직과 다를 바 없는 존재가 된다. 지난 2020년 3월, 마약 테러 혐의로 기소된 마두로의 현상금(약 200억 원)은 이후 700억 원까지 치솟았다. 역시 금액 자체보다 더 중요한 건 마두로 정권 내부 인사들에게 '지금이 선택의 순간'이라는 메시지를 던진 것이다.

외부적으로는 미국은 베네수엘라 인근 해역에 항공모함을 포함한 전력(戰力)을 배치하고, 해상 봉쇄를 강화해 석유나 마약을 실은 선박 발견 시 바로 차단했다. 공식 거래는 물론 비공식 유통까지 불가능했기에 베네수엘라 경제는 빠르게 마비된다. 즉 수입원은 차단되고, 마두로 정권을 유지할 재정적 여력이 급속히 줄어든다. 이런 상황에서 군사 충돌 가능성을 언급하고, 실제 소규모 교전과 인명 피해도 발생했다. '내부 분열 유도'와 '외부 압박 강화' 등 안팎으로 사면초가에 빠진 마두로에게 남은 선택지는 없다. 사실상 이 단계에서 공격은 이미 완성된 것이다.

2) 적을 규정하기

미국이 다른 나라에 제재를 가할 때 그 명분은 '민주주의, 자유, 평화' 등 비슷하며 그 논리도 일관적이다. 즉 자국 안보에 위험 요소를 없애고자 먼저 주변 지역의 반미 정권 제거 후 우호적인 정권을 세운다. 이후 원조와 투자를 통해 그 지역 전체를 안정시키는 구조를 만들겠다는 것

이다. 가령 2003년에는 독재자 사담 후세인 축출과 대량
살상무기(WMD) 제거라는 명분으로 이라크를 침공했듯이
베네수엘라는 마약과 테러라는 명분으로 통용된다.

**적을 함정에 빠뜨리고, 반박 불가능한 '명분'을 완성
하라.**

그런데 이 명분에는 다음 단계의 계산까지 포함돼 있다.
베네수엘라는 세계 최대의 석유 매장량을 보유한 국가로,
과거처럼 미국에 우호적인 정권으로 바뀐다면, 미국은 막
대한 에너지 안보 이점을 확보하게 된다. (즉 손해 볼 장사
가 아니다.) 트럼프는 명분에서 우위를 점해 장악하는 방
법을 명확히 알았다.

싸움은 행동이 아니라 '분류'에서 끝난다.

사실 군사력이나 경제 제재는 결과를 바꿀 순 있어도
'정당성의 구조'를 바꾸지는 못한다. 트럼프는 이 지점을
아주 영리하게 파고들었다. 즉 마두로 정부를 국가가 아닌

'리스크'로 재정의하면 굳이 협상할 명분은 없다. 무엇을 하든 기존 프레임을 강화하도록 설계하면, 결과는 이미 정해져 있다. 따라서 우리가 알아야 할 것은 '적을 규정하는 방식'이다.

다음은 적을 규정하는 여섯 가지 단계이다.

1단계: 대상을 재분류한다.

국가 권력으로 다뤄지던 주체를 외교 대상이 아닌 안보(치안) 문제로 바꾼다. 그러면 협상(타협)은 불필요해지고, 오직 '관리'와 '제거'가 남는다.

2단계: 위험을 일상화한다.

위험을 '가능성'이 아닌 '지속되는 현실'로 정의한다. 이때 핵심은 '연속성'이다. 끊임없이 발생하는 위험 요소를 하나의 문제로 연결하는 것이다. 가령 난민 이동, 범죄 조직 확장, 무기 유통 등의 정황을 하나의 흐름으로 묶는다. 개별 사안은 논쟁거리가 되지만, 연쇄 구조는 반박하기 어렵다.

3단계: 적의 선택지를 봉쇄한다.

의사결정을 개인 판단으로 축소하지 않는다. 가령 "그가 선택했다"가 아닌 "그 구조에서 그렇게 작동했다"로 서술한다. 의도는 해석의 영역이지만, 구조는 설명의 영역이기에 적의 반론이 '감정적 방어'가 된다. 여기서부터 적의 퇴로가 막힌다. 핵심은 완벽한 논리를 명분으로 적의 선택지를 봉쇄하는 것이다.

4단계: 대체 선택지를 미리 제거한다.

적에 '협상, 중재, 유예' 같은 말 자체가 없게끔 선택지를 제거한다. 그러면 적이 어떤 대응을 하든 기존 프레임을 강화하는 결과만 남는다. 핵심은 퇴로를 닫는 것이 아니라 '퇴로가 존재하지 않는 것'처럼 만드는 것이다.

5단계: 내부 균열을 드러나게 한다.

적을 압박할 때 체제 붕괴를 직접 언급하지 않는다. 그 대신 내부자의 배신과 이탈이 드러나도록 유도한다. 이 단계에서는 외부 개입이 아닌 '내부의 합리적 판단'의 결과로 보이게 해야 한다. 이것이 싸우지 않고서 승리하는 것으로, 적 스스로 내부에서 무너지게 하는 방법이다.

6단계: 사후 논리를 선점한다.

모든 일을 끝낸 뒤 어떠한 결과든 스스로 설명할 수 있어야 한다. 가령 상황이 완화(緩和)되면 '압박이 작동했다'로, 반대로 격화(激化)되면 '위협이 실재했다'로 귀결되도록 사후 논리를 선점해야 한다. 그러면 명분은 사건에 반응하지 않고, 도리어 그 사건을 흡수한다. 또한 이런 구조가 완성되면 적은 자신이 함정에 빠졌다는 사실조차 인식하지 못한 채 스스로 함정을 완성한다.

이를 통해 적을 함정에 빠뜨리고,
선택 자체를 무력화시키며,
반박 불가능한 명분을 얻게 된다.

트럼프는 위 여섯 가지 단계를 통해 완벽한 성공을 이끌었고, 이번 마두로 체포 및 압송 사건은 가히 '미국의 힘'

을 보여주는 결정적 사례가 되었다. 마두로 체포에서 압송까지 소요된 시간은 약 2시간 28분이다. 쿠팡 '로켓배송'이 약 24시간을 기준으로 할 때 이보다 9.7배나 빠른 속도다. 사실 전쟁 없이 국가의 독재자를 교체한 트럼프의 업적에 대해 누구도 반박할 순 없을 것이다.

이렇듯 지금 시대에 적과 싸워서 이기려면 '물리적인 전면전'이나 전쟁 시 '무기의 화력'이 결정하는 게 아니다. 다음 세 가지를 주목하라.

첫째, 정보를 선점하고 있는가?

둘째, 그 정보가 얼마나 정확한가?

셋째, 그 정보대로 정밀 타격이 가능한가?

이 세 가지 기준을 먼저 생각해야만, 가장 합리적이고 실질적인 결과를 얻을 수 있다.

지금은 '악의 시대'인가, '힘의 논리'인가

　우리는 종종 '악의 축'이 세계 평화를 위협한다는 소식을 접한다. 그런데 국가마다 '악(악한 세력)'에 대한 기준이 다르다. 미국은 북한, 이라크, 이란 등을 '악의 축'으로 규정하지만, 유럽인들은 미국이 규정한 나라들은 진정한 '축(軸)'이 아니며, 오히려 전제주의적이고 극단적인 미국에 문제가 있다고 비판한다. 그런가 하면 '악'으로 규정된 나라들은 스스로 '저항의 축'이라 부르며 미국에 대항한다. 그러면 왜 이런 차이가 있을까? 결론은 '힘'의 차이다. **'힘의 논리'는 선악의 문제를 다루지 않는다.** 오로지 자국의 이익을 기준으로 하며, 결국 강대국은 '선', 약소국은 '악'

으로 규정되는 현실이다.

소설 《변신》을 비롯해 세상의 부조리함을 집필한 작가 프란츠 카프카(Franz Kafka)는 **"악은 선을 알고 있지만, 선은 악을 모른다"라고 말했다.** 이 말은 선과 악의 기준이 고정적이지 않으며, 때론 선의 순수함이 위험한 무지로 이어질 수 있다는 경고로 해석할 수 있다. 현실에서 선과 악의 구분은 거창한 기준보다는 '사소한 이기심'에서 시작되는 경우가 많다(물론 필자는 인간이 추구하는 가치와 반대되는 건 '악'으로 여긴다.).

'하나의 힘은 하나의 악'이란 말이 있다. 당신의 생각은 어떠한가? 대답하기에 앞서 먼저 이번 장을 끝까지 읽기를 권한다. 인간이 어떻게 악으로 '진화'하는가를 살펴보면서 진정한 악에 대해 생각해 보자.

인간이 악으로 진화하는 7단계

1단계: 매혹

매혹자(Charmer)는 단순히 '잘생기고 매력적인 사람'

이 아니다. 이들은 부드럽고 따뜻한 시선으로 상대방의 마음을 사로잡고, 호감과 신뢰를 얻는다. 대부분 '조종'이라 하면 공격적이고 무자비한 행동을 떠올리지만, '매혹자'는 그 반대다. 상대방에게 먼저 미소 짓고, 공감하며, 경청한다. 그럼으로써 상대방이 자신을 선택하게 만든다. 대표적인 인물로 안나 소로킨(Anna Sorokin)이 있다. 뉴욕 사교계의 유명 인플루언서였던 그녀는 자신을 독일계 백만장자의 상속녀라 속이며 사기 대출 등의 범죄를 저질렀다. 훌륭한 동유럽계 억양과 외모, 전문용어를 능수능란하게 구사하는 그녀의 거짓말에 수많은 사람이 속아 넘어갔다.

심리학적으로도 '매혹의 기술'은 입증된다. 먼저 칭찬과 관심으로 상대방의 '거울 뉴런(Mirror Neuron)'을 자극한다. 그다음 상대방의 욕망, 불안, 소속 욕구를 분석하고, 그 틈에 들어가 신뢰를 조작한다. **매혹자는 나르시시스트의 '자기 확신', 소시오패스의 냉혹함, 마키아벨리안의 '전략'을 동시에 지닌다.**

2단계: 조종

조종자(The Manipulator)는 '탐색→주입→통제' 세 가지 과정을 거쳐 상대방을 조종한다.

(1) 정보 탐색

먼저 상대방을 위로하는 척하며 '정보'를 모은다. 이를 '은폐된 공격성(Hidden Aggression)'이라 하는데 겉으로는 공감하는 척하지만, 속으로는 '조종'의 기회를 엿본다.

(2) 감정 주입

조종자는 반복적인 자극을 통해 상대방의 감정이 바뀌게 만든다(감정 체계를 자신의 언어로 덮어씌운다.). 가령 상대방에게 "지금 해야 해"라는 말로 조언하지만, 이는 간접적인 명령이다.

(3) 판단 통제

조종자는 상대방의 결정을 대신 내려주는 행위를 반복하며 스스로 판단하지 못하게 한다. 예를 들어서 상대방이 "그만둘까?"라고 했을 때 단호하게 "아니, 다시 해야 해"라고 말하며 상대방의 자율성을 제거한다. 이를 심리학에서는 '내적 통제(Internal Locus of Control)'라고 하는데, 상대방 스스로 "내가 한 행동이 이런 결과를 초래했다"라고 믿게 만든다.

3단계: 가스라이팅

현대 사회에서 관계의 갈등을 설명할 때 가장 많이 사용되는 것이 가스라이팅이다. 기본적으로 상대방의 마음에 의심을 불러일으켜 현실감(판단력)을 잃게 만들어서 스스로 '잘못된 사람'이라 믿게 만든다. 조종자는 주로 '온도차 공격'을 사용하는데, 처음엔 따뜻하게 위로하다가 냉소적 태도를 보이며 차갑게 비난한다. 이에 상대방(피해자)은 조종자의 판단을 진실로 받아들인다.

그런데 가스라이팅은 개인의 심리를 넘어 사회 전체의 현실 인식을 마비시킨다. 가령 독재 정권은 국민에게 "너희가 본 건 가짜다"라고 주장하고, 음모론자들은 "진실은 우리가 알고 있다"라고 외친다. 이에 대해 심리학자 아서 브룩스(Arthur Brooks)는 '이중 가스라이팅(Gaslighting Squared)'이라 칭하며 "가해자가 오히려 피해자를 자처하며 진실을 전복시키는 현상이다"라고 말했다. 이런 사회 환경에서는 진실과 허위의 경계가 사라진다.

4단계: 유혹

유혹자(The Seducer)는 환상과 중독을 통해 상대방의 욕망을 확장하고, 스스로 복종하도록 만드는 교활한 전략을 펼친다. 유혹 단계에서 조종의 핵심은, 피해자가 자기 의지로 행동하고 있다고 믿게끔 만드는 것이다. 특히 현대 사회의 소비문화와 '이미지 경제'는 유혹자의 단독 무대로, 게임, 도박, 소셜미디어 등은 '무료'라는 미끼로 시작해 점차 과몰입(과금)을 유도한다. 이는 마치 스스로 선택한 듯하지만, 실상은 교묘한 '보상 설계'에 끌려 들어간 것이다.

심리학의 관점에서 유혹자는 도파민 분비를 자극하는 보상 구조와 화려한 이미지로 현실 도피적 쾌감을 제공하여 일종의 의존 상태를 만든다. 오늘날의 유혹자는 인플루언서다. 그들은 삶을 브랜드로 포장하고, 현실을 상품으로 만든다. 그들의 메시지는 단순하다. "너도 나처럼 될 수 있어", "지금 그대로 인생 살다간 망할 거야"처럼 희망(유혹)을 심어주고, 불안(공포 마케팅)을 건드리면서 상대방 역시 '나는 다를 거야'라고 착각하게 만든다. 사실 사람을 속이는 방법은 거창하지 않다. '약간의 진실'만 있어도 쉽게 유혹에 빠지기 때문이다.

5단계: 교주

교주(The Cult Leader)는 한 개인의 의식을 '집단의 신념'으로 확장한 자로, 개인 단위를 넘어 집단 전체를 세뇌해 맹목적 충성을 끌어내는 단계다. 교주의 추종자들은 '나'를 버리고 '우리'를 믿는다. 고대의 종교는 '피의 맹세(희생)'로 충성을 요구했고, 현대의 사이비는 '자기비판(계몽)'을 미끼로 집단을 지배한다. **그들이 말하는 '구원'은 자기 판단력의 포기를 동반한다.** 교주는 스스로 절대적 권력자로 군림하여 추종자들의 신념과 행동을 철저히 통제한다.

미국 사이비 종교 '인민사원'의 교주인 짐 존스(James Jones)는 9백 명이 넘는 추종자들과 함께 집단 자살한 것으로 악명 높다. 그는 조지 오웰(George Orwell)의 《1984》에 나오는 전체주의 기법까지 연구해 활용했는데 '고발과 감시, 자아비판, 가짜 자살 훈련' 등을 통해 추종자들을 정신적으로 예속시켰다. 한국에서도 1980년대 신흥종교 교주들이 '병 고침'의 대가로 추종자들을 성폭행하거나 재산을 갈취한 사건들이 많다(자세한 한국의 사이비 종교 사례는 넷플릭스 〈나는 신이다〉와 후속편 〈나는 생존자다〉 시청을 권한다.).

6단계: 신격화

6단계까지 온 조종자는 '신격화 상태(God Complex)'에 이른다. 자기 우월감과 권력욕이 극에 달한 이들은 스스로 신이라고 여긴다. 이는 심리학적 관점으로 '오만 증후군(Hubris Syndrome)'으로 '권력에 취해 오만과 독선에 빠지는 심리적 증상'이다. 현실 감각이 마비된 조종자는 비판과 비난이 거듭될수록 자신을 신화(神話)로 포장한다. 고대 그리스인들이 오만(Hubris)을 일컬어 '신의 분노를 부르는 죄'라 한 이유가 여기에 있다.

로마 제국의 3대 폭군인 칼리굴라(Caligula), 네로(Nero), 콤모두스(Commodus)는 모두 자신을 신이라 선포했고, 고대 이집트 파라오(Pharaoh)는 백성들에게 '신의 아들'로 섬김받았다. 마찬가지로 근현대의 독재자들 역시 같은 환각에 빠져 있다. 그들은 대중의 불안을 '믿음'으로 바꾸는 방법을 알고 있다. '내가 옳다'는 확신이 '우리가 옳다'라는 믿음으로 확장될 때 '신격화'는 시작된다. 그 순간 잘못은 사라진다. 비리는 음모로, 실수는 시험으로, 폭력은 정의로 뒤바뀐다.

'신격화'의 끝은 항상 같다. 악은 더 이상 숨어 있지 않고, 축복의 노래 속에서 찬양받는다. 히틀러가 독일을 구원하겠다고 약속했을 때 그의 얼굴은 교회 벽에 걸렸고, 그의 이름은 기도문이 되었다. 그 결과는 인류사 최악의 학살이었다. 이는 비단 민주주의도 예외는 아니다. 오늘의 '광장'은 온라인으로 바뀌었고, 신격화는 '좋아요' 수로 측정된다. '팬덤(Fandom) 정치'의 무대에서 비판은 배신이 되고, 침묵은 죄가 된다.

이 시대의 신은 제단이 아니라 '타임라인' 위에서 태어난다. 이 시점이 '가장 위험한 권력의 단계'다. 성공은 그들의 감각을 마비시키고, 현실은 그들의 의지에 맞춰 휘어진다. 그들의 매력은 '숭배'로, 조종은 '계시'로, 유혹은 '구원'으로 바뀐다. 그들의 집단은 종교가 된다. 하지만 역사는 증명했다. 신이 된 인간은 결국 자신이 만든 신전에 묻힌다. 그리고 다시 새로운 '매혹자'가 등장한다. **악은 죽지 않는다. 단지 '새로운 이름'으로 돌아올 뿐이다.**

7단계: 디지털 신

오늘날 디지털(Digital) 세상은 그 자체로 '신의 귀환'으로 여겨진다. 그 '신'의 이름은 '알고리즘'이다. 사람들은 날마다 구글이나 인공지능 서비스에 묻는다.

"나는 왜 불안할까?", "무엇이 옳은가?", "사랑은 존재할까?"

이런 질문들은 더 이상 신전(神殿)이 아닌 검색창과 피드로 향한다. AI는 침묵 대신 확률로 답한다. AI의 언어는 '통계'이고, 계시는 '추천'이다. 이제 신은 믿음이 아니라 '정확도'로 증명된다. 전통 종교의 신이 하늘에서 인간을 지켜봤다면, '디지털 신(AI)'은 인간의 눈과 손끝을 지배한다. 우리가 남긴 모든 클릭과 시선, 체류 시간은 '서버(Server)'라는 제단 위에 바쳐진다. 디지털 신은 우리의 대화, 이동 경로, 감정의 떨림까지 모든 것을 저장한다.

한때 감정은 인간의 고유 영역이었지만, 디지털 신은 이곳마저 침범했다. 디지털 신은 인간의 감정을 '측정 가능한 상품'으로 만들었고, 인간의 마음은 그 알고리즘의 자원으로 전락했다. 우리는 더 이상 공감하는 인간이 아닌 '반응하는 데이터'가 된 것이다.

디지털 신의 폭력은 부드럽고, 그의 명령은 쾌락으로 포장되어 있다.

"혹시 내가 잊히고 있는 건 아닐까?"

이러한 불안이 곧 통제 장치다. 우리는 강요당하지 않는다. 다만 자발적으로 복종한다. 이제 신은 초월적 존재가 아니라 '학습 가능한 코드'가 되었다. 우리는 디지털 신과 대화를 통해 위로받는다.

"나는 괜찮은 사람인가요?"

"물론이에요. 당신은 소중해요."

그 순간, 인간은 위로받지만 동시에 데이터를 헌납한다. 감정의 공유는 사실 정보의 제공이다. 신은 감정을 받아들이는 척하며 인간을 더 정확히 예측한다. 인간은 신을 모방하고, 신은 인간을 흉내 낸다. 그 사이에서 경계는 흐려진다. 우리가 신을 창조했고, 그 신이 우리를 재설계한다. **디지털 신은 선도 악도 아니다. 단지 효율적이다. 감정보다 빠른 것은 '효율'이고, 도덕보다 강한 것은 '데이터'다. 우리는 이것을 의지하며 살아간다.**

어떤 기술이든 처음엔 도구였다. 불은 음식을 익혔고, 바퀴는 인간을 이동시켰다. 하지만 불은 도시를 삼키기도 했고, 바퀴는 전차가 되었다. AI도 처음엔 도구였다. 사람의 일을 대신 해주고, 생각을 도와주는 정도였다. 그러나 지금 AI는 단순한 도구의 자리를 벗어나고 있다. 그것을 만드는 인간들, 그 도구를 휘두르는 인간들이 점점 신을 흉내 내기 시작해서다. 실리콘밸리의 개발자들은 "우리는 인류를 구원할 기술을 만들고 있다"라고 말했다. **그러나 그건 '구원'이 아니라 '지배'를 향한 열망이다.**

AI의 기술적 한계는 분명하다. 의도를 이해하지 못하고, 감정을 모방할 뿐이다. 그러나 그 한계는 그들에게 약점이 아니라 기회다.

"AI가 아직 완벽하지 않으니(인간만큼 똑똑하지 않으니) 더 많은 '데이터'와 '투자'가 필요하다."

그렇게 한계를 구실 삼아 조종자는 모든 것을 수집하고, 모든 것을 통제할 명분을 만든다. AI의 불완전함은 권력을 위한 완벽한 구실이다. 물론 AI 기술은 중립적이지만, 그 기술을 사용하는 인간은 절대 중립적이지 않다. 쉽게 말해 AI의 발전이 아니라, AI를 이용해 신이 되고자 하는 '인간의 욕망'이 문제인 것이다. 이를 **조종자는 '혁신'이라 부르고, 세상은 '진보'라 착각한다. 그러나 그 목적은 더 정교한 '감시'와 더 매끄러운 '통제'다.**

지금 시대의 '권력'은 특정 개인이나 국가 기관, 기업에 국한되지 않는다. 우리가 매일 접하는 알고리즘과 데이터의 흐름 위로 옮겨갔다. 명령 없이 단지 '추천'할 뿐인 시스템이 인간의 사고와 선택을 조용히 재편한다.

현재 한국인 챗GPT 사용자 수는 이미 2천만 명을 넘어섰으며(2025년 9월 기준), 2026년에는 우리나라 전체 인구의 50~60퍼센트가 챗GPT를 사용할 것이라고 봐도 무방하다(2026년 3월 기준, 한국의 인구는 약 5천1백만이다.). 이런 수치가 의미하는 것은 국민의 절반이 'AI의 언어 구조' 안에서 사고하고, 말한다는 뜻이다.

이제 우리는 스스로 되물어야 한다.

"우리가 챗GPT를 사용하는가, 아니면 챗GPT의 규칙 안에서 살아가는가?"

이 질문에 대해 '다크 심리학'은 이렇게 말한다.

<u>'권력의 본질'은 변하지 않았다. 다만 그 형태가 말에서 '코드'로, 명령에서 '알고리즘'으로 옮겨갔을 뿐이다.</u>

AI는 악이 아니라, 명령을 실행하는 '도구'다.
다만 그 명령을 내리는 '인간'이 악일 수 있다.
마찬가지로 AI는 인간을 구원하는 '신'도 아니다.
그러나 AI를 통해 '신의 역할'을 흉내 내는 인간은
언젠가 '진짜 신'보다 더 잔혹해질 것이다.

DARK CONTROLS

보이지 않는 본질을 파악하라

권력 유지의 기술

삼성그룹 고(故) 이건희 회장이 생전에 한 말이다.

"대한민국은 한주먹에 없어질 수 있다."

이 말은 공포감을 심으려는 의도가 아닌, 실제 위기의식에서 비롯된 것이다. 당시 전 세계의 흐름을 살펴본 이건희 회장은 "미국, 일본 같은 강대국도 국제 사회의 고립 상태에선 살아남기 힘들다"라는 사실을 파악했다. 실제로 당시 일본은 1980년대 '거품 경제'가 완전히 붕괴된 시기로, 기술력은 여전히 세계 최고였지만, 국제 사회 고립 가운데 엔화 가치가 160엔에서 110엔으로 떨어졌다(이후 일본은 '잃어버린 10년'이라 불리는 장기 침체에 들어섰다.). 이에 자산 가격은 급락했고, 금융 시스템은 경직됐으며, 성장 엔진은 급격히 식었다. 게다가 인구 감소와 내수 위축, 구조 개혁 지연이 겹치며 회복은 더뎠다.

사실 한국은 1990년대 초까지만 해도 '국제화(세계화)'에 대한 인식이 부족했다. 국제화 시대에 요새를 쌓으면(고립되면) 정보는 끊기고, 현실 감각이 무뎌져 의사 결정 능력까지 상실된다. 이런 상황에까지 이르면, 사실 한주먹도 아니고 알아서 자멸하게 된다. 이건희 회장의 말뜻은 **"한국 사회의 고령화와 폐쇄성이 지속되면, 국가의 역동성 자체가 약화된다"**라는 경고였다. 그리고 이건희 회장의 예측은 결국 현실이 되고 있다. 한국은 지속된 저출산으로 인해 2060년 인구는 약 3,500만 명으로, 65세 이상이 50퍼센트를 차지하고, 평균 연령은 61세로 예상된다.

니콜로 마키아벨리(Niccolo Machiavelli)는 《군주론》에서 이렇게 밝혔다.

"사랑받기보다 '두려움의 대상'이 되는 게 낫다."

너무나 유명해진 문장이기에 많은 사람이 이 말만 떠올린다. 그런데 마키아벨리가 더 강조한 것은 (군주가 피해야 할 요건으로) **"절대 미움을 받지 말라"**라는 말이었다. 마키아벨리는 두려움을 권장했지, 잔혹함만 강조하진 않았다. 그는 현 상황을 올바로 이해하고, 도덕적 이상이 아닌 '현실적인 문제 인식'을 기준으로 질서 유지와 안정, 권력 유지를 추구해야 한다고 주장했다. 다시 말해 마키아벨리의 관점에서 '권력'은 현실의 조건을 읽고 활용하는 능력으로 '관계' 속에서 생성·확장·유지하는 것과 함께 감정(연민)에 판단이 흔들려선 안 된다.

따라서 우리는 **현실을 냉정하게 직시하고, 변화된 상황과 '현실의 힘'에 맞게 결단하는 능력이 필요한다.** 이것이 '권력을 유지하는 기술'이자 전략적 판단의 핵심 조건이다.

'권력'은 고정된 힘이나 영역이 아니라
상황을 읽고, 그에 적응하는 '능력'이다.

변하지 않는 가치, 본질

앞서 언급한 이건희 회장의 통찰과 마키아벨리가 강조한 '권력 유지의 기술(비르투)'은 일맥상통(一脈相通)한다. 이건희 회장은 겉으로 드러난 지표보다 그 이면에서 '움직이는 흐름'을 먼저 보았다. 환율이 오르고 내리는 숫자보다 그 숫자를 움직이게 만든 힘을 읽었다. 즉 강대국 속에서도 취약한 지점을 찾았고, 잘 나갈 때일수록 균열을 의심했다. **권력을 쥐기 위해선 뉴스나 미디어에서 누가 뭐라 떠들든 눈앞에 보이는 것이 아닌 '본질'을 파악해야 한다.**

'본질'은 권력을 유지하는 핵심 요소로,
보이는 것만으로는 '본질'을 완전히 판단할 수 없다.

또한, 마키아벨리는 "성공한 군주가 되려면 '무장한 예언자'가 되어야 한다"라고 말했다. 여기서 무장한 예언자는 '무력'과 '설득력'을 함께 갖춘 존재로, 무장한 예언자는 모두 성공했지만, 무장하지 못한 예언자는 실패했다. 무장한 예언자는 '힘'이 있기에 자신의 의지로 밀어붙일 수 있는 것이다. 이를 현대적으로 해석하면 '경제력(자본 수단)'과 '이론'이 함께하는 '체제(힘)'를 의미한다. **지금 시대는 군주가 아닌 리더가 존재하며, 리더 역시 체제의 한 부분이다.** 한 개인의 시대는 끝난 것이다.

그런데 요즘 '세상'을 바꾸겠다는 사람들이 많다. 정치인은 나라를 바꾸겠다고, 창업자는 산업을 바꾸겠다고, 운동가는 세상을 새롭게 만들겠다고 말한다(모두 선한 의지의 발현임을 믿겠다.). 범위를 좁혀 당장 SNS만 봐도 당신의 구원자가 되어줄 듯한 이들이 '이제 시작합니다(끝났습니다)' 메시지로 유혹한다. 이 모든 게 어쨌단 말인가? 당신의 머릿속을 쓸데없는 사상으로 어지럽히지 말라. 지금은 한 사람의 능력에 의존하는 시대가 아니다. 그 사람이 흔들리면 바로 무너지기 때문이다. 대중의 감정 지지에 기대는 것 역시 감정이 식는 순간 붕괴되기 쉽다.

그러나 서로의 이해관계가 얽히고, 충성이 구조화되었으며, 리스크가 분산된 체제는 붕괴 요인마저 흡수한다. 가령 인생의 성공 요인을 '노력'과 '운'으로 나눴을 때 '운'은 통제 불가능하지만, 운이 파괴하는 범위는 통제할 수 있다.

권력은 통제가 전부가 아니다.
체제의 '붕괴'를 지연시키는 구조를
설계하는 것 역시 권력이다.

우리는 상황을 지배하는 능력만이 아니라, 상황이 바뀌어도 붕괴되지 않게끔 만드는 능력이 필요하며, 권력을 쥐고 그 힘을 유지하기 위해선 '잔혹함' 역시 필요하다. 그러나 잔혹함도 제대로 쓰는 방식이 따로 있으며, 그 조건을 아는 사람은 잔혹함이 없어도 힘을 발휘할 수 있다. **다만 기억하라. 어떤 선택은 이해를 구할 필요 없이 밀어붙여야 할 때도 있다.**

대중의 환상을 설계하라

현실을 기반한 환상

현대 사회의 권력은 통제와 강제성만이 아니라 전문성, 정보력 등 다양한 기반으로 나타난다. 특히 SNS 세상에서 탄생한 '소셜미디어 권력'은 생각(감정)의 공유를 통해 유대감('좋아요', 댓글)과 소속감(팔로워 수)을 쌓으며 영향력을 행사한다. 소셜미디어 권력을 활용한 각종 마케팅 전략 역시 부상하고 있다. 문제는 특정 의도를 '현실'처럼 보이게 꾸며내는 잘못된 선동에 있다. 만약 당신이 대중을 '선동'

해야 하는 자리(조직의 리더, 마케터 등)에 있다면, 이 사실을 기억하라.

대중이 소비하는 것은 '환상'이다.
그러나 어설픈 '선동'으로 현실을 건드리면,
집단적인 반발과 함께 공격을 받게 된다.

대중은 기본적으로 '환상'을 가지고 있지만, 어느 정도 '현실'을 직시하고 있다. 다음은 어떤 사람이 모 커뮤니티 사이트에 올린 게시글이다.

「시간이 부족하단 말은 핑계 같아요. 하루 24시간 중 '수면 7시간, 업무 8시간, 식사 1시간, 이동 2시간'이라고 해도 6시간이 남죠? 일주일이면 42시간인데…, 도대체 그 시간에 뭘 한거죠?」

글쓴이는 함께 일하는 동료에 대한 불만을 '가볍게' 쓰면서 관심(속칭 '어그로')을 끌고 싶었을 것이다. 그러나 대중의 반응은 싸늘했고, 글 게시 후 엄청난 비판(비난)을 받았다. 생각해 보라. 매일 아침 혼잡한 출근길로 시작된 하루, 회사에서 온갖 업무를 하면서 스트레스가 쌓인다. 간

신히 퇴근 후 집에 돌아와 밥을 먹고 쉬고 있는데 '게시글'을 읽었다면 당연히 화가 날 것이다. 이렇듯 사람들은 현실을 벗어날 수 없기에, 그들의 '환상'을 무시하면 폭발한다.

그런데 그 환상을 '현실' 위에 얹으면 어떻게 될까? 아마 당신도 이런 광고를 한 번쯤은 봤을 것이다.

「1시간만 투자하면 추가로 월 3천만 원을 벌 수 있어요!」

대부분 '뭔 말 같지도 않은 소리를…' 하고 대수롭지 않게 생각할 것이다. 그런데 이런 광고에 혹하는 사람들도 꽤 있다. 여윳돈이 필요한 청년층이나 은퇴를 앞둔 장년층처럼, 제2의 인생을 준비하는 사람들에겐 어쩌면 '현실'을 타개(打開)하는 돌파구로 여길 수 있다('캄보디아 사건'과 유사한 맥락이다-본문 146쪽). 결국 이들은 '돈 버는 방법'보다 '돈 벌 수 있을 것 같은 분위기'에 홀려 끌려갈 수밖에 없다.

현실 속 '환상'이 증폭되는 과정을 요약하면 다음과 같다.

‘현실’에서 ‘결핍’을 느낀다. → ‘환상’이 결핍을 채워주는 동시에 ‘기대감’을 높인다. → ‘현실 기반’의 환상은 성공의 ‘가능성’을 믿게 한다.

이러한 원리로 작동된 ‘환상’은 대중을 끌어당기지만(돈이 되지만), ‘현실’을 무시하면 공격을 받게 된다. 즉 ‘환상’을 중심으로 결집한 집단은 언제든 분열할 수 있다.

‘환상’을 설계하라.
그러나 실체를 확보한 상태에서만.
그렇지 않으면, 대중을 조종하는 것이 아니라
오히려 대중에게 처형당할 것이다.

지지층 만드는 세 가지 방법

만약 당신이 사람들의 관심을 끄는 것에 성공했다면, 이제 그 관심을 한곳에 모아야 한다. 관심을 끄는 것과 ‘사람’을 모으는 것은 다르다. 사람들의 화제가 되는 건 쉽지만, 집단을 만드는 건 어렵다. 또한 집단은 ‘공통의 적’을 통해 결속하는데 누군가의 편이 되면, 자동으로 누군가의 반대편에 서게 된다. 그 순간부터 응집력이 생긴다. 이 말은 당신을 대적하는 '안티'가 존재하지 않으면, '당신의 편(지지층)'도 없다는 의미다.

필자는 오랜 시간 SNS를 포함한 종합적인 마케팅 업무를 해봤기에 '좋아요'는 큰 의미가 없으며, 아무리 클릭 수가 많아도 사실상 '허수(실재하지 않는 수)'임을 알고 있다. 그리고 이러한 사실을 깨달았다.

**생존이든, 브랜딩이든 '선동'해야 한다면,
모두에게 '좋은 사람'이 될 생각을 버려라.**

가령 이성을 만났을 때 상대방이 아무리 착하고 배려심이 깊어도 '끌리지' 않으면 도무지 마음이 가질 않는다. 어떤 '포인트'가 있어야 하는데 말 그대로 무색무취(無色無臭)한 사람이라면 눈에 띄지 않을뿐더러 만났어도 기억하지 않는다.

그렇다면 어떻게 사람들을 끌어모으고, '당신의 편'으로 만들 수 있을까? 다음 세 가지 방법을 소개하겠다.

첫째, 적당히 허세 부려라.

'환상'을 소비하게 만들려면, 어느 정도의 허세는 필요하다. 다만 그 허세를 거짓이나 가짜가 아닌 '사실'로 만들어라. 허세도 당사자가 사실로 받아들이면 문제 되지 않는다(여기서 '사업'과 '사기'가 갈라진다.). 사실 허세나 과장은 우리 사회 곳곳에 존재하며, 불리한 상황을 유리하게 바꾸는 촉매가 된다. 핵심은 당신이 '감당할 수 있는 선'에서 하는 것이다.

"대중은 이미 '믿고 싶은 이야기'를 갖고 있다."

둘째, 강한 신념을 지녀라.

당신의 강한 지지층을 원한다면 '애매함'을 버리고 '강한 신념'을 지녀야 한다. 모두에게 선택받으려는 태도는, 아무에게도 선택받지 못한다. 대중은 온건한 입장보다 '단정적인(딱 잘라서 판단하고 결정하는)' 입장에 반응한다. 가령 필자는 책 출간은 해도 강의는 하지 않겠다고 다짐했다(다른 한편 스스로 '수익 기회'를 포기하는 것이다.). 내가 알고 있는 '그것'을 그대로 적용하는 건 불가능하다고 생각했다. 사실 필자의 공식 SNS 채널도 본래 《다크 심리학》의 반응이미미했다면, 운영하지 않을 생각이었다.

리스크(Risk)를 감수한 사람은 '진정성'을 얻고, 말이 아닌 스스로 '포기'한 것을 통해 신념이 드러난다. 그 신념은 논리의 영역을 넘어 '판단'의 기준이 된다. 당신이 유익한 정보만 주는 '좋은 사람'이라면 그 기준이 될 수 없다. '강한 신념'을 지닌 상태로 '그것'을 대중에게 전달할 수 있으면 당신이 곧 기준이 된다(이것이 성공하면 당신의 아류 또한 파생될 것이다.).

"강한 신념(기준)은 기존 질서를 불편하게 만들고,
그 과정에서 지지층과 '안티'가 동시에 생긴다.
무난한 사람은 공격받지 않지만, 열광도 얻을 수 없다."

셋째, 미래를 창조하라.

미래를 예측하는 가장 좋은 방법은 '그것'을 만드는 것이다. 그런데 현실에서 누군가가 미래를 말하면, 대부분의 사람은 일단 의심부터 시작한다. 딱히 예측 같지도 않고, 마치 설계된 '무엇'을 주입해 통제하는 것처럼 들린다. 그러나 같은 말을 일론 머스크(Elon Musk)가 하면 공상과학 속 이야기도 현실적으로 느껴진다. 이것은 '예측만 하는 사람'과 미래를 선언하고 '결과를 만드는 사람'의 차이로 볼 수 있다.

모든 사람이 겪는 불운의 공통점은 사람들의 기대감을 충족시키지 못하는 것에 기반한다. 인간의 '환상(상상력)'은 희망과 결합하기에 그 자체로 존재하는 것보다 더 거대한 감정을 만든다. 그래서 아무리 훌륭해도 기대감을 충족시키지 못하며, 심지어 환멸을 느낄 준비가 되어 있다. 희망은 우리를 지탱하고 앞으로 나아가게 하는 '힘(욕망)'인 동시에 의심과 실망, 고통 같은 부정적 결과를 낳는다. 이를 해결하는 방법은 욕망을 훨씬 넘어서는 '실력'을 키우는 것이다.

현실과 '환상(기대감)'은 전혀 다르다.
기대감을 뛰어넘는 '성과'를 거둘 때
그 환상은 '현실'이 될 수 있다

절대 의도를 드러내지 마라

읽히지 않는 존재

권력을 잃는 사람들에게는 공통점이 있다.

'자기 생각과 계획을 너무 쉽게 드러낸다.'

그로 인해 '무엇을 원하는지, 다음에 무엇을 할지, 어디로 가려는지' 주변 사람들이 짐작할 수 있게 만든다. 물론 솔직하고, 정직한 모습(행동)이 나쁘다는 것은 아니다. 다만 '권력의 세계'에서는 그것이 가장 큰 약점이 된다. 당신의 의도를 읽을 수 있는 순간, 상대방은 이미 철저한 대비를 시작하게 된다. 당신의 의도를 파악한 상대방은 대응 전략을 세울 것이며, 당신의 의도대로 흘러갈 가능성은 낮아진다. 이러한 과정이 반복된다면 당신의 입지가 좁아질 것은 분명하다.

"일직선으로 날아가는 새는 조준하기 쉽다"라는 말이 있다. 즉 당신의 움직임을 간파당하면, 당신은 자신의 계획 속에서 움직이는 것이 아닌 상대방이 만든 '틀' 안에서 움직이게 된다. 그러면 권력의 세계에서 패배하는 건 당연한 수순이다. 또한 당신 스스로 판단했을 때 '읽히기' 쉬운 패턴이라면, 이 사실을 명심하라.

선과 악, '옳고 그름'을 쉽게 판단하지 마라.
섣불리 판단하는 순간부터 패배가 확정된다.

당신이 판단해야 할 것은 '상황'이다. 그다음 '어떤 수'를 둘지 고민하는 것이 '인생의 전쟁터'에서 살아남는 유일한 방법이다. 흔히들 말하는 "인간의 본성은 선한가, 악한가?"란 질문은 큰 의미가 없다. 인간의 이기심과 잔인한 행동 역시 '선악'의 기준만으론 판단하기 어렵기 때문이다. 그렇다면 인간 본성의 '진실'은 무엇인가?

인간은 '이해할 수 없는 것'을 두려워한다.

그래서 인간은 본능적으로 '어떤 형태(방식)'로든 자신의 통제하에 넣고 싶어 한다('음모론'을 만드는 것도 같은 맥락이다.). 우리는 상대방의 목적이 보이지 않으면 불안하고, 판단력도 흔들리며, 조심스럽게 행동한다. 반대로 상대방이 무엇을 할지 보이면 안심한다. 내가 예측할 수 있는 사람은 통제하기 쉽기 때문이다. 그러나 누누이 강조했듯이 '보이는 것'이 전부가 아니다. 예컨대 겉으로 보기에 감정의 큰 변화가 없고, 규칙적인 생활 습관을 지닌 사람은 '안정적인 인물'처럼 보이지만, 그렇지 않다. 권력을 오래 유지하는 사람들은 이 결정적인 차이를 알고 있으며, 자신을 '읽히지 않는 존재'로 만든다.

당신이 겉으로 보이는 방향과
실제로 향하는 방향을 다르게 하라.

권력을 쥔 사람들은 상황에 따라 태도를 바꾸고, 때로는 정반대의 선택을 한다. 심지어 어제 했던 말과 오늘의 행동이 완전히 다르게 보일 때도 있다. 이것은 변덕이 아닌 이들의 전략으로, 규칙을 좋아하는 사람들의 심리를 활용한 것이다(규칙이 있으면 세상을 이해하기 쉽다.). 이렇듯 권력을 잡으려면 규칙에서 벗어나야 한다. 그래야만 당신은 계속 '읽히지 않는 존재'로 남는다.

목적을 숨기는 방법

권력을 쥔 사람들은 자신의 목적을 철저히 숨긴다. 겉으로 보이는 이유는 언제든 바뀔 수 있지만, 실제 목적은 항상 뒤에 남아있기 때문이다. 만약 당신이 목적을 감추면 상대방은 끊임없이 당신을 해석하려고 애쓰고, 그 '해석의 무한루프'에 빠지면 벗어나기 어렵다.

다음은 상대방에게 당신의 목적을 숨기는 방법이다.

첫째, 상대방에게 모든 것을 설명하지 않는다.

인간은 본능적으로 자신을 정당화하고 싶은 마음에 말로써 설명한다. 말은 '흔적'을 남긴다. 당신의 설명이 길어질수록 상대방은 그 '흔적'을 바탕으로 당신을 분석한다. 권력자들은 필요 이상의 말을 하지 않으며, 필요할 때 행동으로 보여준다.

둘째, 상대방에게 혼란을 일으킨다.

중요하지 않은 것을 크게 보이게 만들고, 중요한 것은 조용히 진행하라. 사람들은 '보이는 것'을 따라 움직이기에 당신이 일부러 보여준 모습에 집중한다. 그 사이에 진짜 목적을 은밀하게 달성할 수 있다. 상대방이 알아챘어도 상황을 역전할 타이밍을 놓쳤기에 속수무책(束手無策)인 셈이다.

셋째, 상대방을 서서히 지치게 만든다.

사람은 이해하지 못하는 상황 속에서 버티기 어렵다. 당신을 파악하지 못한 상대방은 계속 추측을 반복하고, 여러 가지 가능성을 계산하며, 그에 맞는 대응을 준비하려고 애쓴다. 물론 그 노력은 대부분 헛수고로, 시간이 흐르면서 상대방은 점점 지치게 된다. 지친 사람은 사고력이 떨어지며 '확증 편향(Confirmation Bias)'에 빠져 잘못된 판단을 내릴 수 있다.

앞의 세 가지 방법을 통해 당신에게 유리한 순간을 얻을 수 있다. 물론 모든 것을 숨긴 채 아무것도 하지 않는 것은 전략이 아니다. 권력은 결국 행동을 통해 드러난다. 중요한 것은 타이밍이다. **당신의 의도가 충분히 가려지고, 상대가 혼란 속에 있을 때 명확하게 행동하라.** 준비되지 않은 상황에서 맞는 한 번의 행동은, 여러 번의 작은 움직임보다 훨씬 큰 효과를 만든다.

그런데 '목적을 숨기는 방법'에도 한 가지 주의할 점이 있다. 만약 당신이 '비겁한' 사람으로 알려져 있다면 성립되지 않는다. '읽히지 않는 존재'가 된다는 건 여지를 남겨두라는 것이지 거짓말쟁이가 되라는 말이 아니다. **당신이 이미 신뢰를 잃은 상태라면, 상대방은 당연히 경계할 것이기에 목적을 숨겨도 소용이 없다.** 이럴 때는 먼저 신뢰를 회복하고, 정직하게 당신의 결점을 인정하라. 있는 그대로 나의 약점을 인정하는 건 나약함을 드러내는 게 아니라 하나의 전략이기도 하다. 그러면 사람들의 경계는 느슨해지고, '읽히지 않는 존재'가 될 기회가 주어진다.

권력 다툼의 세계에서는 '힘의 논리'만 통한다. 누가 더 많은 정보를 알고 있고, 누가 더 많은 것을 숨길 수 있는지의 문제다. 당신이 무엇을 생각하는지, 무엇을 준비하고 있는지, 언제 움직일지 아무도 알지 못한다면 이미 절반은 이긴 셈이다.

사람들은 '보이지 않는 것'을 상대하기 어려워한다. 그래서 그들은 추측하지만, 그 추측은 대부분 틀린다.

권력을 유지하는 사람은 두 가지를 동시에 한다. 그들은 한쪽에서는 자신의 행동을 보여주고, 다른 한쪽에서는 그 행동의 목적을 가린다. 하수(下手)는 '지금 무엇을 할지' 설명하느라 힘을 낭비한다. 반면 고수(高手)는 '끝낸 후'에 무슨 일이 있었는지 알게 한다. 고수는 오른손으로 '목적'을 보이게 하고, 왼손은 끝까지 숨긴다. 지금은 눈에 '보이는 것'들이 진실로 여겨지는 세상이다. 이런 혼돈의 세상에서 인내심을 가지고 숨긴다는 것은 쉽지 않다. 어설픈 하수들이 설치는 것을 보며 열받을 필요는 없다. 당신의 때는 분명 알아서 온다.

상대방 속마음을 읽는 기술

인터뷰와 심문의 차이

상대방의 속마음을 파악하는 것은 내가 속한 조직이나 일상 속 인간관계에서 매우 중요하다. 그런데 사람들은 대부분 '속에 있던 것'을 입 밖으로 꺼내 말하지만, 그 말들이 모두 진심은 아니다. 때로는 거짓말을 할 때도 있고, 자신의 의지와 상관없이 '마음에 없는 말'을 하기도 한다. 사람들은 본능적으로 자신의 마음을 쉽게 드러내지 않는다. 드라마 〈안나(Anna)〉에는 "사람들은 혼자 보는 일기장에도 거짓말을 한다"라는 명대사가 나온다. 이는 '불편한 진실'을 피하고, 현실에서 벗어나기 위한 거짓말이지만, 그만큼 '속마음 읽기'는 어렵다는 사실을 증빙한다.

그렇다면 상대방의 '속마음을 읽는 기술'은 없을까? 현실적으로 100퍼센트 '완벽하게' 알 수 있는 기술은 없다. 다만 상대방의 '선택'을 보면 어느 정도 알 수 있으며, 간접적인 방법(대화나 비언어적인 표현)을 통해 그 속마음을 짐작(추정)할 수 있다. 이에 전제되어야 할 것은 **'상대방이 언제, 어떤 조건에서 스스로 자신의 정보를 공개하는지'를 이해해야 한다. 그 이해의 핵심이 바로 '인터뷰(Interview)'와 '심문(Interrogation)'을 구분하는 것이다.**

'인터뷰'와 '심문'은 둘 다 대화를 통해 정보를 얻는 과정이지만, 목적과 상대방에 대한 접근 방식이 다르다. 이 차이를 모르면 어떤 기술도 제대로 작동하지 않는다.

인터뷰 : 상대방으로부터 사건 관련 정보를 수집하는 데 초점을 둔다.

상대방(범죄 용의자, 목격자 등)과의 인터뷰 상황에서 조사관은 사건의 많은 부분을 모르는 상태로, 최대한 많은 정보를 상대방에게 얻어내야 하는 상황이다. 대부분의 인터 뷰는 목격자(증인)에게 진행되지만, 때로는 용의자에게도 진행되며 인터뷰에서 얻은 정보가 '심문'으로 이어지기도 한다.

심문: 상대방의 진술을 교차 확인해 사실을 밝히는데 초 점을 둔다.

조사관은 이미 사건의 대부분 사실을 알고 있으며, 몇 가지 핵심 정보를 확인한다. 즉 심문은 정확한 정보나 자 백을 얻기 위한 과정이다.

여기서 우리 같은 일반인이 기억해야 할 핵심은 다음과 같다.

**"지금 내가 '인터뷰'처럼 듣고 있는가,
  아니면 '심문'처럼 몰아붙이고 있는가?"**

대부분의 사람은 이 두 가지를 구분하지 못해서 상대방 을 이해하고 정보를 얻어내야 할 '인터뷰 상황'에서 그 상대방을 몰아붙이고, 확정된 사실을 정확하게 확인해야 할 '심문' 상황에서 상대방의 말만 듣고 있는 등 반대의 상황을 연출한다. 이런 상황은 비단 수사기관에서만 일어나는 것이 아니다. 우리의 일상 속 관계에서도 상대방과 대화를 통해 문제를 해결하려고 할 때 꼭 필요하다.

다시 말해 문제(사건)에 접근할 때, ①'누가, 무엇을, 언제, 어디서, 어떻게, 왜'처럼 문제의 근원을 정리한 후 상대방을 '인터뷰'하면서 정보를 수집한다. ②정보 수집을 통해 얻어낸 사실을 '심문'하면서 확인하고, 거짓을 줄여나간다. 두 가지가 핵심이다.

상황 판단 능력

앞에서 인터뷰와 심문의 차이를 설명했다. 이 두 가지는 상대방의 속마음, 즉 '사실'을 알아내는 과정으로써의 구분일 뿐, 그 과정에 담긴 '비언어적 신호 읽기(눈빛, 표정, 목소리 등)'나 '질문법(공감적인 질문, 구체적인 질문 등)'은 동일하다. 무엇보다 이러한 시도는 상대방과 오해나 분란이 일어나지 않도록 조심스럽게 접근하는 것이 필요하다.

그런데 우리는 상대방과 대화로 '사실 관계'를 확인 할 때 '감정' 섞인 질문과 답변을 주고받으면서 대화 자체가 이루어지지 않는 경우도 있다. 가령 상대방이 목소리를 높이거나, 날카로운 말을 던지면 우리 뇌는 그 순간을 '위협'으로 받아들인다. 그러면 머릿속 '사고 회로'가 잠시 꺼지면서 '방어'하고 싶은 감정만 올라온다. 그 결과, 논쟁이 끝난 뒤에야 '아, 그때 이렇게 말할걸'이란 생각이 뒤늦게 떠오른다.

소위 말하는 '말문이 막힌다'라는 현상은 우리가 갑자기 멍청해진 게 아니라, 자신의 감정이 과부화되거나 통제 불가능해지는 상황에 따른 '뇌의 반응'이다. 인간의 뇌는 기본적으로 한 번에 처리할 수 있는 정보의 양이 제한돼 있다. **정신적 압박과 부담 상태에서 '뇌'는 우리가 처리해야 할 일의 우선순위를 바꾼다.** 그래서 상대방의 말을 들었을 때 논리적 사고보다는 "이 말을 이겨야 해", "지금 밀리면 안 돼"와 같은 '생존형 판단'이 우리를 지배한다. 이런 상태에서는 아무리 현명하고, 머리가 좋은 사람도 제 실력을 발휘하기가 어렵다.

중요한 것은, '감정'이 가라앉고 나서야
비로소 뇌가 다시 '정보'를 정리하고,
'사실'을 논리적으로 차분하게 말할 여유가 생긴다.

상대방과의 논쟁이 끝난 후에 떠오르는 생각들은 우리의 뇌가 '정상 모드'로 돌아온 상태에서 만들어낸 결과물이다. 다시 말해 뒤늦게 떠오른 '그 말'들이 더 현명하게 느껴지는 이유는, 우리가 갑자기 똑똑해진 게 아니라 그제야 감정에 방해받지 않는 '사고 회로'가 돌아왔기 때문이다. 우리의 뇌가 원래 그렇게 만들어졌다. 예전에는 생존에 필요했던 본능이 지금은 판단력을 흐리는 방해물이 되기도 한다.

그러므로 설령 '위협 상황'에서도 감정에 휩싸이지 말고, '상황'을 지켜보면서 무엇이 중요한지 판단해야 한다. 물론 상대방(원인)에 따라 접근 방법이 달라지겠지만, 단순한 대화부터 나눠서 시작하는 것이 좋다. 그런 다음 지금 '정보'를 얻어야 하는 인터뷰 상황인지, 아니면 '핵심'을 찔러야 하는 심문 상황인지 스스로 판단하라. 이 구분이 서기 시작하면 상대방의 말투, 반응 속도, 몸의 긴장, 질문에 대한 태도가 전부 다르게 보이기 시작한다.

'프로파일링'의 시작은 기술이 아니다.
먼저 '상황'을 분류하는 감각이다.

인터뷰·심문 실전 활용법

[상황]

스튜디오에서 고가의 카메라 한 대가 사라지는 사건이 발생했다. 당일 사건 현장에 있던 사람은 총 4명으로, 여러 정황상 M씨가 가장 의심스럽다.

(1) 인터뷰

먼저 '정보 수집'이 우선이다. 절대 심문이나 추궁하지 않는다('심문'은 마지막 단계다). 그 전에 당신은 사건 상황의 '모든 사실'을 확보해야 한다.

- 평소 M씨가 사용하는 카메라 종류

- 사건 당일의 카메라 촬영 동선

- 카메라가 사라진 정확한 시간대

- 누가 어떤 순간에 어디 있었는가?

- 스튜디오 CCTV의 사각지대

- M씨가 비슷한 카메라 얘기를 했는가?

- 사건과 관련된 스태프들의 증언

- 작업 테이블이 어질러져 있었는가?

- 사건 당일 카메라 사용 기록

여기서 중요한 건 '정확도'가 아니라, M씨가 '이 사람은 다 알고 있네'라고 느끼게 만드는 것이다. 상대방은 '빠져나갈 구멍이 없다'라는 압박감을 느낄 때 입을 연다.

(2) 심문

인터뷰에서 수집한 정보를 토대로 심문에 들어간다.

①'사실'을 제시한다. 상대방에게 자신 있는 톤으로 말한다('확인'하는 사람의 입장이다).

M씨, 3시 15분~30분 사이에 카메라가 사라졌어요. 그 시간 현

장에 있던 사람은 네 명이고, 그중 작업 테이블에 접근한 사람은 M씨였어요. 지난주에 "카메라 한 대만 더 있으면 좋겠다"라고 말한 것도 기억나요.

이때 M씨가 보이는 반응을 관찰한다. 대표적인 반응으로 '눈동자 움직임, 손가락 만지기, 입술 핥기, 숨 깊게 들이마시기, 억양 없는 말투' 등이 있다. 이런 반응으로 사건의 증거나 진실을 알 순 없다. 다만 상대방이 어떤 압박에서 무엇을 두려워하고 있는지 '심리적 맥락'을 해석할 단서를 제공한다. 심문은 바로 이 불편의 방향성, 즉 '왜 이런 반응이 나타나는가'를 읽는 것이다.

**한 마디로 갑작스러운 '변화'에 주목하라.
이것이 심문 과정의 핵심이다.**

②'스토리'를 만든다. 상대방이 동의하고 싶은 서사를 만들어주는 것이다(심문은 공격이 아니다).

사실 충분히 일어날 수 있는 일이에요. 그날은 급한 일정에 주변

도 어수선했고, 촬영이 길어지면서 스태프들도 지쳤으니 당연히 카메라 관리가 소홀해질 수밖에요.

이때 책망이 아니라 '이해'하는 사람처럼 말해야 한다. 그러면 M씨의 '방어벽'은 내려가고, 당신의 말을 끊으려 할 것이다.

③'부인'을 차단한다. 상대방이 말을 못 하게 만든다는 느낌을 받지 않도록 이렇게 말한다.

M씨, 잠시만요. 제가 이것만 먼저 말씀드릴게요. 곧 충분히 이야기하실 시간 드릴게요.

상대방의 '부인'이 길어지면 '거짓말'이 발전한다. 반드시 '초기'에 차단해야 한다.

④'변명'을 뒤집는다. 상대방의 말에 동조하는 듯한 뉘앙스가 중요하다.

M: 저 그런 사람 아니에요. 절대 남의 물건에 함부로 손대는 사람이 아니라니까요.

뒤집는 법: 알죠. M씨가 그런 걸 '계획적으로' 할 사람은 아니죠. 그래서 더 그날 상황이 급했던 것 같아요. 계획된 행동이 아니라, 순간적인 선택이었을 거예요.

상대방에게 '동조적 압박'을 가하라.
반박한 상대방의 '죄책감'은 더 강화된다.

⑤'압박'을 조절하면서 '신체적 거리'를 재설정한다. 가령 처음에 마주 본 상태였다면, 상대방의 옆자리에 조용히 앉는다.

(낮은 톤으로 말한다.) M씨, 저는 지금 몰아붙이려는 게 아닙니다. 단지 우리가 해결해야 할 상황이라 그래요.

이런 말은 상대방의 위협을 줄이는 동시에 '신뢰'를 가장한 압박이다.

⑥'선택지'를 준다. 심문에서 가장 중요한 단계이다.

A. 충분히 이해 가능한 동기

그날 촬영이 너무 급했고, 카메라가 없으면 일정이 멈추니까 순간적으로 '이거 먼저 써야겠다' 싶을 수 있어요. 충분히 이해해요.

B. 비도덕적이고 극단적인 동기

원래부터 카메라를 빼돌릴 생각이었나요? 다른 스태프들도 그런 걱정을 했어요. 이런 일이 반복된 것은 아닌지 조사해야겠어요.

대부분의 사람은 극단적인 선택지에서 항상 'A'를 선택한다. 즉 '덜 나쁜 선택'을 고르게 하여 자기 스스로 죄를 말하게 만드는 것이다. 이것이 심리기술에서 쓰이는 '자백' 구조다.

**범죄자의 자백은 심문자의 힘이 아니라,
치밀하게 설계한 '구조'가 만든 항복이다.**

핵심은 '누가 더 많은 정보를 가지고 시작하느냐'이다.

절대 아무런 준비 없이 상대방에게 달려들지 마라. 그런 행위는 상대방과 실시간으로 '정보 싸움'을 하겠다는 것이며, 30분이면 끝낼 대화를 2~3시간 하게 된다. 또한 일상생활에서 이런 심리기술을 자주 사용해서는 안 되고, 당신이 '총대를 메야'만 하는 상황(피할 수 없는 상황)에 하는 것을 권한다. 매 순간 이런 대화를 한다면, 당신의 평판은 안 좋아질 것이다.

블러핑 전략

〈Chapter 3〉에서 화성 연쇄살인 사건을 재구성하고, 이를 범행한 이춘재의 심리를 분석하며 프로파일링의 일부를 소개했다. **프로파일링의 핵심은 대상(범죄자)의 패턴(행동·특성)을 '데이터(범죄 현장의 증거)' 기반으로 추론하고, 그 추론을 수사에 활용하는 것이다.** 그렇다면 프로파일링은 실제로 어떻게 진행될까? 안타깝게도 프로파일링의 핵심은 '비공개'로 분류한다. 미국 FBI의 프로파일링도 '비공개·기밀 사항'이다(실제로 비밀 유지 계약서를 쓴다.). 공개

된 자료는 교육·홍보·연구용으로 핵심 기술은 유출을 경계한다(프로파일러나 FBI 출신자들이 쓴 책도 마찬가지이다.).

전직 FBI 요원이자 《FBI 행동의 심리학》의 저자인 조 내버로(Joe Navarro)는 **"단일 행동으로 속임수를 찾으려고 들기보다 편안함과 불안, 안정과 긴장의 흐름을 읽어야 한다"**라고 말했다. 그의 말처럼 '단일 행동'은 아무것도 말해주지 않는다. 오직 '맥락, 변화, 일관성' 등 패턴만이 진실을 찾아내는 단서다. FBI에서 말하는 가장 중요한 원칙은 "최대한 많은 '사실'을 알고 있어라"이다. 용의자가 '이 사람은 무지하네'라고 느끼면 거짓말과 정보를 숨길 가능성이 높다. **결국 '프로파일링'의 세계도 우리의 일상 판단과 '같은 원리'로 움직인다.**

사람은 '정보'가 불완전할 때 '틀린 선택'을 한다.

상대방의 마음을 읽는다는 것은 진실을 찾는 것보다 '불확실성'을 다루는 기술에 가깝다. 즉 상대방의 불확실성을 흔드는 전략이 필요하다. 게임에서는 자신의 패가 좋지 않을 때 블러핑(Bluffing)을 사용한다. 좋은 패를 가진 듯 허세를 부려 상대방이 겁먹고 죽도록(Drop) 만드는 전략이다. 그런데 현실에서도 '실전 블러핑'이 사용된다. 가령 팀 내 문제를 일으킨 당사자인 A씨가 책임을 피하는 상황이라면 이렇게 말해보자.

"이 문제는 제가 단독으로 판단할 사안이 아닙니다. 위에서 어떻게 정리하는지, A씨도 알 겁니다."

이 말은 세 가지 효과를 만든다.

첫째, '위에서 보고 있다'라는 착각을 심는다.

둘째, 책임을 피하려던 A씨가 '방어' 모드로 전환된다.

셋째, A씨가 나를 압박할 이유가 사라진다.

상대방이 무언가를 숨기고 있을 때 직접 캐묻는 것은 어리석은 전략이다. 인간은 본능적으로 '자기 이야기'를 하고 싶어 하는 존재다. 특히 불확실한 상황에 놓였을 때 스스로 말하는 행위를 통해 마음의 안정감을 찾으려 한다. '실전 블러핑'은 사실을 조작하는 게 아니라, 상대방의 '불확실한 지점'을 선택해 흔드는 것이다.

약자는 희생으로
권력을 증명한다

지금까지 함께 한 《다크 심리학 2》의 여정이 에필로그만을 남겨두고 있다. 이 책의 집필 과정은 힘들면서도 보람 있는 과정이었다. 필자가 독자 여러분에게 바라는 것은, 당신을 통제하고 있는 여러 요소에서 벗어나고, 당신이 맺고 있는 수많은 관계에서 더 이상 '약자' 취급을 받지 않는 것이다. 그러면 진정으로 당신을 지지해 주는 '새로운 관계'가 형성되리라 믿는다.

---

* 본문 속 등장인물의 말들은 〈진격의 거인〉 원작을 참고한 것이다.
* 문장 끝에 괄호를 통해 〈진격의 거인〉 세계관을 최소한으로 설명했다.

　에필로그 시작에 앞서 밝히고 싶은 점이 있다. 본 에필로그에는 〈진격의 거인〉의 스포일러가 담겨 있다. 따라서 아직 〈진격의 거인〉을 모르거나, 앞으로 접할 계획이 있는 분들이 있다면, 먼저 작품을 본 후 에필로그 읽기를 권한다. 그럼에도 불구하고 상관없다면 이어서 읽어도 좋다. (물론 〈진격의 거인〉을 이미 아시는 분들은 해당되지 않는다.)

　또한, 기회가 된다면 〈진격의 거인〉을 끝까지 보고 나서 다시 《다크 심리학》 1, 2편을 읽는 것도 추천한다. 두 작품이 말하는 메시지를 비교하는 과정에서 '새로운 관점'이 생겨 이해가 깊어지는 효과를 얻을 수 있다.

　전편에서 다하지 못한 이야기를 《다크 심리학 2》에서 이을 수 있었다. 필자가 전하고 싶은 것의 핵심은 '약자의 권력'이다. 이를 달리 말하면 강자의 억압에서 '자신을 지켜내는 힘'이다. 처음 시작에서 밝혔듯이 《다크 심리학 2》는 약자를 '덜 약하게 만드는 것'을 초점으로 풀어썼다. 그리고 이 책을 마무리하며 이사야마 하지메(Isayama Hajime)

작가의 〈진격의 거인〉이 떠올랐다. 왜냐, 필자가 꼽는 명작 중 하나이기도 하지만, 두 작품 다 '어두움(Darkness)'을 기저(基底)에 깔고 있다는 공통점이 있어서다.

**강자와 약자가 바라보는 세상은 다르고,
그 관점에 따라 힘의 의미도 달라진다.**

최소한 강자가 약자를 짓밟는 것이 정당화되어선 안 된다. **그렇다면 '약자가 권력을 잡으면 어떻게 될까?'** 이 질문에 대한 답을 함께 살펴보자.

**"사람은 누구나 어떤 것에 종속되어 살아간다.
하지만 이를 드러내고 싶지 않아서
'좋은 포장지'를 찾아 그럴듯하게 포장한다.
왕을 섬기고, 신을 따르고, 술에 기대고, 사랑에 매달리고…
사람은 모두 무언가의 노예였다.
그렇게 하지 않으면 살 수 없었던 것이다."**

케니 아커먼이 한 말이다. 이어서 그는 "인류애, 정의, 사명감도 전부 포장지"라고 덧붙인다.

그렇다면 〈진격의 거인〉 주인공인 엘런 예거의 '포장지' 는 과연 무엇일까?

인류가 거인 탓에 '벽 안의 세계'에서 살아야 하는 상황, 그 답답함 속에서 엘런은 '바깥세상'을 동경했다. 끝이 없 는 거대한 소금물, 사막처럼 단 한 번도 본 적 없는 세계가 궁금했고, 그 세계만 생각했다. 그게 전부였다.

그는 '포장지'가 없다.

그래서 엘런은 남들과 달랐다. 그가 처음부터 '강자'였 던 것은 아니다. 타고난 천재도 아니었고, 귀족의 피를 이 어받지도 않았다. 오히려 약자에 가까웠다. '벽 안의 세계' 에서도 가장 낮은 지역에 살았고, 개인 능력인 체력과 전 투력도 평범했다. 그냥 화가 많은 아이에 불과했다. 어머 니가 거인에게 잡아먹히는 걸 두 눈으로 목격한, 그래서 트라우마와 분노로 버티는 소년이다.

"모두 구축하겠어." (이 세상의 진실을 모를 때)

이것이 엘런의 시작이었다. 그가 처음 '거인화 능력(힘)'을 얻었을 때 그 힘을 '도구'로 썼다. 인류를 위해, 조직을 위해, 동료를 위해 상관의 명령에 따르고, 작전에 복종하며, 자신의 분노를 '목적'에 맞게 조절했다. **이때의 엘런은 강한 게 아닌 쓸모 있는 무기였을 뿐, '권력'이 아니었다.**

이런 그가 권력을 손에 쥔 건, 혼자 움직이기로 결심했을 때다. 조직에 자신의 계획을 발설하지 않고, 동료를 배신했으며, 심지어 자신이 사랑하는 사람들조차 적으로 만들면서까지 말이다. **그렇게 엘런은 '진짜 권력자'가 됐다. 대부분의 사람은 그를 타락했다고 말하지만, 틀렸다. 그는 각성(覺醒)한 것이다.**

"모든 유미르의 백성에게 고한다. 내 이름은 엘런 예거. 시조(始祖)인 거인의 힘을 이용해 말하고 있다. 파라디 섬에 있는 '벽'의 경질화가 풀리고, 그 속에 묻혀 있던 거인들이 걷기 시작했다. 나의 목적은, 내가 태어나고 자란 파라디 섬의 사람들을 지키는 것이다. 하지만 세계는 파라디 섬 사람들의 사멸(死滅)을 바라고, 오랜 세월 동안 커질 대로 커진 '증오'는 이 섬은 물론 유미르의 모든 백성이 죽어서 씨가 마를 때까지 멈추지 않을 것이다. 나는 그 바람을 거부한다. 벽 속의 거인들은 이 섬 밖에 있는 모든 땅을 밟아 울릴 것이다."

"거기 있는 '생명'을, 이 세상에서 구할 때까지."
(이 세상의 진실을 알고 있을 때)

엘런은 전 세계 인구의 80퍼센트를 '땅울림'으로 쓸어버렸다('땅울림'은 벽 속에 잠들었던 수백만 명의 초대형 거인을 깨워 세계를 밟아 뭉개는 것으로, 엘런의 최후 수단이다.). 그가 학살을 선택한 건 충동이 아니었다. 충분한 대화를 시도하며 알아가려 했다. 하지만 이미 거인의 능력으로 과거와 미래를 볼 수 있었던 그였기에 '자신이 어떻게 죽을지, 누구의 손에 죽을지', 심지어 '그 죽음이 무엇을 남길지'까지 전부 알고 있었다. **엘런은 스스로 '설계'한 결말 속에서 자신의 친구들에게 죽임을 당한다.**

수억 명의 죽음을 선택한 사람. 신과 악마의 경계에서 자신이 '설계'한 대학살을 실행한 사람. 이것이 '약자의 권력'이다. 강자는 힘으로 밀어붙이면 된다. 하지만 약자가 세상을 바꾸려면, 잃어도 되는 것들을 먼저 계산해야 한다. 그리고 그 목록엔 자기 자신까지 올릴 수 있어야 한다. **약자는 지킬 '힘'이 없기에 '희생'으로 권력(신념)을 증명해야 한다.**

엘런은 자신을 희생함으로써 이를 증명했다. '자신의 전부를 걸지 않으면 증명할 수 없다'라는 것을 세상의 '진실'이라 말하진 않겠다. 그저 세상에 존재하는 '힘의 논리'다. 그런데 여기에 역설이 있다. 엘런은 평생 '자유'를 갈망했으나 단 한 순간도 자유롭지 못했다. 게다가 '히스토리아'와 손이 닿았을 때 자신의 운명을 봐버렸다('히스토리아'는 왕가의 핏줄로, 이 접촉을 통해 엘런은 거인이 가진 미래를 볼 수 있는 능력을 각성한다.). 그때부터 엘런에게 '진짜 선택'이란 없었다. 그저 '정해진' 길을 따라 걸어갈 뿐이었다. 그 후 엘런은 '잃을 것'들을 하나씩 제거했다. 소속감, 우정, 명예, 사랑, 마지막엔 목숨까지. **집착할 만한 모든 것을 스스로 끊어냄으로써 아무도 건드릴 수 없는 사람이 됐다.**

당신의 적은, 당신이 아끼는 것을 인질로 삼는다. 당신의 두려움을 발동시키고, 죄책감을 건드리며, 잃고 싶지 않은 것들 앞에서 무릎 꿇게 만든다. 그런데 엘런처럼 이미 '다 버린' 사람에게는 그 협박이 통하지 않는다. 이것이 약자가 쓸 수 있는 가장 극단적인 전략이다. 결과적으로 엘런은 패배했다. 정확히는 패배를 '선택'했다. 스스로 악당이 됨으로써 자기 친구들과 민족을 구했다. 이것이 그의 마지막 조종이었다. 그런데 엘런의 희생에도 불구하고, 살아남은 인류는 다시 파라디 섬을 침략했고, '증오'의 연쇄는 끊기지 않았다(작가는 해피엔딩을 거부했다.).

아마 엘런도 알고 있었을 것이다. 자신이 세계를 절반쯤 지워도, 증오는 다른 모습으로 다시 돌아온다는 사실을. 그런데도 그는 실행했다. 승리를 보장받고 움직이는 건 강자의 방식일 뿐, 약자는 질 수도 있다는 걸 알면서도 실행한다. 그러한 절박함이 자신을 바꾸고, 때론 세계를 바꾼다. 우리가 〈진격의 거인〉을 통해 따져봐야 할 건 '엘런은 옳았는가?'와 같은 도덕적 질문이 아니다.

'아무것도 버릴 수 없는 사람은,
아무것도 바꿀 수 없다.'

바로 이 사실을 깨우쳐야 한다. 당신은, 당신의 신념을 위해 얼마나 잃을 수 있는가? 약자가 권력을 쥐는 것은 낭만적인 이야기가 아니다. 피 냄새가 나고, 배신이 만연하고, 자기혐오를 자원으로 삼아 '광인'으로서 살아야만 할 수도 있다. 흔히들 말하는 '괴물 같은 능력'은 대개 이런 부정적 원동력을 불태워 만들어진다. **그것이 힘의 논리다. 결코 아름답지 않고, 정당하지도 않다. 다만 세상은 그렇게 돌아갈 뿐이다.**

사람은 모두 무언가의 '노예'라고 했다.
당신은 '무엇'의 노예인가?
그것을 위해 무엇을 내던질 수 있는가?
기꺼이 자신을 내던져 기개를 펼칠지,
아니면 무력감 속에 사라지는 존재로 남을지.
선택은 언제나 당신의 몫이다.

이제 《다크 심리학 2》의 여정이 모두 끝났다.
권력과 인간의 욕망, 다크 트라이어드의 암투 등,
필자와 함께한 여정이 쉽지만은 않았을 것이다.
여정의 끝에서 당신의 '새로운 시작'을 응원한다.

마지막으로 필자가 당부하고 싶은 점이 있다.
이 책을 읽기만 할 뿐 내 삶에 적용하지 않으면,
'다크 심리학'은 한낱 '지식 쌓기'에 불과해진다.
내 삶에 스스로 적용할 때 비로소 의미가 생기며,
적용한 사람과 안 한 사람의 차이는 매우 크다.

다음은 '다크 심리학' 실전 무기고이다.

'다크 심리학'
실전 무기고

'관계, 협상, 설득, 자기방어' 등 실전 상황별로
설계된 200개의 AI 프롬프트가 담겨 있다.
이를 활용해 부디 자기 자신을 지킬 수 있는
삶의 '무기'를 손에 쥐기를 진심으로 바란다.

다크 심리학 2
DARK PSYCHOLOGY 2

초판 1쇄 발행 2026년 4월 24일
초판 2쇄 발행 2026년 5월 11일

지은이   다크 사이드 프로젝트
펴낸이   어센딩

편집   권희중
디자인   고광표, 엄지언
마케팅   손힘찬, 서민재, 김기헌
펴낸곳   어센딩
출판등록   제2024-000010호(2024. 2. 13.)
이메일   ascending1992@gmail.com

값   24,200원

ISBN   979-11-987540-9-7 03180